JN085080

治療と就労の両立支援ガイダンス

疾患別に見た就労支援の実務

順天堂大学医学部公衆衛生学講座　准教授

遠藤源樹 著

労務行政

まえがき

　私は、福井県立大野高校時代、「医師になって困っている方々を助けられる人間になりたい」という想いで医学部を目指し、浪人生活の後、産業医科大学医学部に合格し、6年間全力で勉強して医師になりました。臨床医、産業医として働く傍ら、なぜか、映画『麗しのサブリナ』を観た影響で、土日にフランス料理の学校 Le Cordon Bleu（ル・コルドン・ブルー）で、コルドン・ブルーの料理の学位を取得するまでフランス料理にはまり、毎週末、ホームパーティや出張シェフでフランス料理をふるまう生活。同期が専門医を取得して臨床医や産業医として活躍しているのを横目で見ながら、「自分は、医師として、もっと違う形で社会に貢献したい」と日々、模索していました。

　そんな医師としての自分を変えてくれたのが私の妻でした。結婚後、義父のサポートで、平日は産業医、夜間と土日は産婦人科医として働くようになったものの、産婦人科医の義父からは「お前は、産婦人科より公衆衛生のほうが向いている。これからの人生、自分には公衆衛生しかないんだという気持ちで、歯を食いしばって頑張ってみろ」と激励されました。そして、義父の言葉に後押しされ、獨協医科大学公衆衛生学講座教授の武藤孝司先生に「先生の下で、公衆衛生学を勉強させてください」と懇願しました。武藤先生は、くすぶり続けてきた私の過去を知りながらも、大学院生として温かく迎え入れてくださり、公衆衛生学・疫学の基礎や意義など多くのことを教えてくださいました。そして、大学院生として研究テーマを考えていたころ、「学生時代に夢に描いていた順風満帆なエリート街道から外れた20代の挫折経験」、そして「メンタルヘルス不調やがんなどの病気で療養した方々を全力で産業医として就労支援してきた経験」から、「治療と就労・生活の両立に関する研究をしたい」と思うようになりました。心の中にある臨床医になりたいという気持ちをいつも抑えて、産業医として多くの患者さんたちの就労を支援する、ただそれだけでした。

そんな私にとって転機となったのが、2015年5月に大阪で行われた日本産業衛生学会で「がん患者の復職率は約6割〜日本初のがん患者就労コホート研究の結果から〜」を発表した時でした。この発表直後から新聞社などメディア各社からの取材が殺到するようになり、私の就労支援の研究が脚光を浴びるようになりました。そして、2017年に、順天堂大学を中心とした厚生労働省研究班「がん患者の就労継続及び職場復帰に資する研究（班長：遠藤源樹）」が採択され、「がんと就労」研究とIoT就労支援ツールの開発が飛躍的に進められるようになりました。さらに、「がんと就労」の研究とノウハウをベースに、現在では「不妊治療と就労」「妊娠・育児と就労」「循環器疾患と就労」「メンタルヘルス不調と就労」の研究と産学連携事業にも意欲的に取り組んでいます。臨床医になれなかったコンプレックスの裏返しなのか、臨床医として懸命に働いている先生方への尊敬と憧れの気持ちが今も人一倍強く、超一流の臨床医の先生方が診療する順天堂で就労支援の研究と就労支援ツールの開発ができる喜びを日々感じています。就労支援してきた多くの患者さんの想いとともに、今自分ができることをやりたいと思います。

　「誰でも、その人なりに、働きながら、生きていける社会へ」
　本書がその一助となれば、幸いです。

2020年2月10日

順天堂大学医学部公衆衛生学講座　准教授

遠藤源樹

目　次

第 1 章
治療と就労の両立支援：総論

オランダ・アムステルダム

1 治療と就労の両立支援の重要性

1 日本の就労世代の人口が今後50年で半減

　日本では少子高齢化が急速に進行しており、生産年齢人口（15～64歳人口）は2010年の8173万人に対して、2060年には4418万人になると推計されており、これからの50年で日本の就労世代の人口は半減することを示唆している **[図表1－1]**。

　男性が家庭を顧みず、「企業戦士」として過重労働をいとわずに働き、女性は専業主婦となって家庭を守る、いわゆる"昭和型"の労働社会で

図表1－1　高齢化に伴い就労世代の有病労働者が増加

女性、シニア、外国人が働かないと成り立たない社会に
就労世代の有病労働者が増加傾向（先進国共通）

理由①　定年年齢の引き上げ→シニアの有病労働者の増加
理由②　メンタルヘルス不調社員の増加傾向
理由③　がん患者の増加、不妊治療の件数の増加
理由④　医療の進歩→がん、脳卒中などの生命予後の改善、職場復帰できる患者の増加

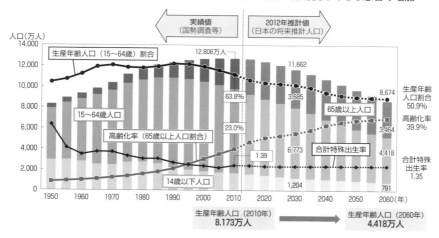

資料出所：総務省「国勢調査」、国立社会保障・人口問題研究所「日本の将来推計人口（2012年推計）：
　　　　　出生中位・死亡中位推計」（各年10月1日現在人口）、厚生労働省「人口動態統計」

は、これからの日本は社会を維持することができない。女性、高齢者、そして外国人が働かないと、社会が成り立たなくなってしまうのだ。

　現在の日本は、①定年年齢の引き上げによる高齢の有病労働者の増加、②メンタルヘルス不調社員の増加、③就労世代のがん患者、不妊治療、特に体外受精の件数の増加、④医療の進歩によるがん、脳卒中などの生命予後の改善、職場復帰できる患者の増加など大きく変化している。治療と就労、そして就学との両立は、これからの日本社会の必須の課題なのである。

２ 定年年齢の引き上げによる高齢の有病労働者が増加

　総務省統計局の「雇用者数の推移（全産業）」によれば、60歳以上の労働者数は増加傾向にあり、60〜64歳を見ると、2003年度と比較すると、2015年度は1.5倍の高齢者が雇用されている **[図表１－２]**。日本全体の高齢化に伴い、高年齢者雇用安定法によって65歳までの雇用確保措置等

図表１－２　60歳以上の雇用者数の推移

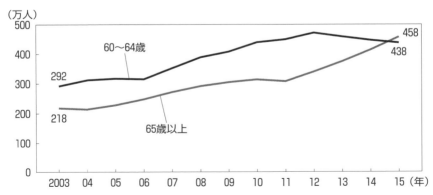

資料出所：総務省「労働力調査」「国勢調査」「人口推計」（2015年は2015年国勢調査人口速報集計による人口を基準とした2015年10月１日現在確定値）
※2011年は、岩手県、宮城県、福島県を除く44都道府県の集計結果

が定められており、さらに今後は定年年齢が65歳、いずれは70歳に引き上げられるであろう。有病労働者は、年齢を重ねるにつれて増加する傾向にあり、定年年齢が引き上げられれば、企業内での有病労働者の割合が増えることが予想されている。

3 労働現場の人手不足の深刻化とメンタルヘルス不調

　現在、多くの企業が人手不足に悩んでいる。高校や大学などを卒業する予定の新卒学生の人材獲得競争は加速しており、人材難に頭を悩ませている中小企業も少なくない **[図表1－3]**。

　また、グローバルで苛烈な競争を強いられる企業では即戦力人材を求める傾向が強まっており、今までのように、自社で人材を育てる余裕がなくなりつつある。そのため、中途入社社員の適応能力とのギャップが生じ、メンタルヘルス不調社員が企業内で発生するといった状況も少なくない。インターネット（メール、テレビ電話）や携帯電話などの急速な普及により、仕事の「on」と「off」の境目がなくなりつつあり、1人当たりの業務量の増加と業務の質の「重量化」が起きている。メンタルヘルス不調社員の発生が高止まりしているのは、何ら不思議なことではない。

図表1－3 **労働現場の人手不足の深刻化とメンタルヘルス不調**

労働現場の人手不足の深刻化、人材の「売り手市場」化が加速

- 新卒学生の採用の奪い合い
- 大企業ばかりに優秀な人材が集まる現状
- 海外進出が加速し、国内産業の空洞化の流れ
- 即戦力を求める企業側のニーズと、中途入社社員の適応能力とのギャップ
- 1人当たりの業務量増加と業務の質の「重量化」による負荷
- 正社員と非正規社員（契約社員・派遣社員等）の壁の厚さ
  →労働人材の2極化と格差社会・少子高齢化社会の加速化

4 復職できる有病労働者の増加傾向

　医療の進歩により、がんの5年相対生存率（がんと診断された人のうち5年後に生存している人の割合）が少しずつ改善傾向にある。抗がん剤、分子標的薬など驚くべき速度での新薬の開発、内視鏡治療などの身体により負荷がかからない治療で、がん治療後に職場復帰可能ながん患者は増加している。例えば、胃がんに対する上部消化管内視鏡による治療では、口から胃カメラを挿入し、胃の粘膜に生理食塩水を注入し、胃カメラの画像を見ながら、胃がんの病巣を切除する。手術後の回復は格段に早く、かなり早期の復職を可能とした。適応範囲は早期のがんに限られるが、開腹手術によって胃を切除した場合と比べて、手術後の経過、がん患者（海外ではCancer Survivors：がんサバイバーと呼ばれる）のQOL（Quality of Life：生活の質）は大きく改善された。

　その他、内科診療における内視鏡治療は目覚ましいものがあり、呼吸器内科医による気管支鏡での検査、循環器内科医によるカテーテル治療、消化器内科医・外科医による内視鏡治療や腹腔鏡治療など、医療技術の進歩により、患者の社会復帰の可能性が大きく高まっている。

5 有病労働者に関する就労支援

　厚生労働省から、メンタルヘルス不調の職場復帰については「心の健康問題により休業した労働者の職場復帰支援の手引き」（2004年10月、最終改訂：2012年7月）、がんや脳卒中などの有病労働者の職場復帰については「事業場における治療と職業生活の両立支援のためのガイドライン」（2016年2月）が示されている。これらには、有病労働者に関する就労支援のガイドラインであり、職場における意識啓発のための研修や治療と職業生活を両立しやすい休暇制度・勤務制度の導入などの環境整備、治療と職業生活の両立支援の進め方について詳細に記載されている。

2 療養社員ゼロ期の実務対応

1 治療と就労の両立支援の要は「産業医」の活用

　企業にとっても、がんなどの疾患を持ちながらも働ける「ベテラン社員」を活用するメリットは大きい。「がんになったら、会社を辞めてください」なんて、昭和の時代からスタンスが変わっていない企業や上司の下で、これから誰が望んで働こうとするだろうか。これからの時代は、そんな会社から、優秀なスタッフはどんどん退職し、徐々にジリ貧になることは誰の目から見ても明らかである。

　さて、治療と就労の両立支援を進めるに当たって、まず基本となるのが「経験の豊富な産業医」と産業医契約を結ぶことにある。就労支援を進めていく上で、「事例性と疾病性に分けた実務対応のできる産業医」「利害関係の調整をサポートする産業医」の役割は極めて大きい。

　労働安全衛生法（以下、安衛法）により、労働者数50人以上の事業場では「産業医」を必ず選任しなければならない（安衛法13条、安衛令5条）が、有病労働者が増加傾向にある現在、産業医の重要性は高まるばかりである。

　近年、健康診断の結果を活用して高血圧や糖尿病の社員に適切な医療を受けさせることで、「就労困難」となるような脳卒中や心筋梗塞などの病気を予防する健康経営的なニーズ、過重労働対策を施すことで過労死や労働問題を予防するためのニーズ、がんなどにかかった社員をフォローして適切な就業上の措置を行うニーズなど、企業側の産業医に対する要望は増す一方である。

　しかしながら、この「産業医」の職務と実態が、企業に十分に理解されていないところがある。

2 産業医

　産業医とは、事業場において労働者の健康管理について、専門的な立場から指導・助言を行う医師のことである。

　産業医の選任義務は、その会社の社員数と有害業務の有無によって異なる。労働者数50人以上の事業場は産業医を選任しなければならない。産業医を選任した時は、遅滞なく所轄労働基準監督署長に届け出ることが義務づけられている（安衛則2条2項、13条2項）。

　事業場規模ごとの産業医の選任の基準は、以下のとおりである。

50 人 未 満	選任義務なし
50〜 499人	1人以上の嘱託産業医
500〜 999人	特定の有害業務ありの場合は、1人以上の専属産業医
1000〜3000人	1人以上の専属産業医
3001 人 以 上	2人以上の専属産業医

　なお、500〜999人の特定の有害業務とは、**[図表1−4]** に掲げる業務が該当する。

　労働者50人未満の事業場については、産業医の選任義務はないが、労働者の健康管理等を行うのに必要な医学に関する知識を有する医師等に、労働者の健康管理等の全部または一部を行わせるように努めなければならないこととされている（安衛法13条の2）。中には、自主的に産業医契約を結んでいる企業もある。

3 産業医になるには、医師免許プラス講習などが必要

　医学部を卒業後に医師国家試験に合格しただけでは、産業医として働くことはできない。産業医の資格要件は、①厚生労働大臣の指定する者（日本医師会、産業医科大学）が行う研修を修了した者、②産業医の養成

イ　多量の高熱物体を取り扱う業務及び著しく暑熱な場所における業務
ロ　多量の低温物体を取り扱う業務及び著しく寒冷な場所における業務
ハ　ラジウム放射線、エックス線その他の有害放射線にさらされる業務
ニ　土石、獣毛等のじんあい又は粉末を著しく飛散する場所における業務
ホ　異常気圧下における業務
ヘ　さく岩機、鋲打機等の使用によって、身体に著しい振動を与える業務
ト　重量物の取扱い等重激な業務
チ　ボイラー製造等強烈な騒音を発する場所における業務
リ　坑内における業務
ヌ　深夜業を含む業務
ル　水銀、砒素、黄りん、弗化水素酸、塩酸、硝酸、硫酸、青酸、か性アルカリ、石炭酸その他これらに準ずる有害物を取り扱う業務
ヲ　鉛、水銀、クロム、砒素、黄りん、弗化水素、塩素、塩酸、硝酸、亜硫酸、硫酸、一酸化炭素、二硫化炭素、青酸、ベンゼン、アニリンその他これらに準ずる有害物のガス、蒸気又は粉じんを発散する場所における業務
ワ　病原体によって汚染のおそれが著しい業務
カ　その他厚生労働大臣が定める業務

課程を設置している産業医科大学その他の大学で、厚生労働大臣が指定するものにおいて当該課程を修めて卒業し、その大学が行う実習を履修した者、③労働衛生コンサルタント試験に合格した者で、その試験区分が保健衛生である者、④大学において労働衛生に関する科目を担当する教授、准教授、常勤講師またはこれらの経験者となっている。

　産業医として働きたい医師の多くは、外来や病棟など多忙な医師業務の合間や休日に、前記①の厚生労働大臣が定める産業医研修を受講し、産業医業務を行う上での知識等の取得、産業医学の研鑽を積んで、産業医の資格を取得している。

産業医の職務は、労働安全衛生法などで規定されている。産業医は事業者等に対して勧告、指導、助言などを行う。産業医の主な職務は以下のとおりである。

(1)統括管理(労働衛生管理体制の確立)

労働衛生管理体制の確立は事業者に課せられた重要な職務であり、労働衛生管理の基盤整備、関係規定の整備、年間計画の策定などを行う。具体的には、以下を実施する。

①助言、指導等（事業者や衛生管理者に労働衛生や健康管理について助言等を行う）

②職場巡視（産業医は職場巡視が義務。作業状況、衛生状態、労働者の身体的・精神的健康を把握し、労働者の健康に有害であると判断した場合は、直ちに必要な助言を行う）

③衛生委員会への参画（産業医は構成員として参加して助言を行う）

④有害性の調査

(2)作業環境管理

作業環境管理は、職場の「場」の管理である。産業医は、職場環境に存在する有害要因のリスクを評価し、改善について助言する。

①作業環境に関する評価および助言（作業環境測定等の結果を基に健康障害リスクを評価し、助言等を行う）

②有害物質などの管理（一定の有害性のある化学物質について、安全データシート〔SDS〕等の情報を基に、化学物質の使用状況・管理状況・有害性情報を把握し、必要な助言等を行う）

(3)作業管理

作業管理は、「作業」の管理である。産業医は、労働者の作業に関する有害要因のリスクを評価し、改善策を助言する。

①現場の作業の点検と改善（有害作業を人間工学などの観点から評価し、

必要な助言等を行う）

②作業時間の改善（作業強度・負荷に応じた休憩時間などの設定等を評価し、必要な助言等を行う）

（4）健康管理

　健康管理は、「人の健康」に関する管理である。定期健康診断の結果や時間外労働時間管理表などの健康管理に関するデータを基にして対応することが多い。復職に関しては、「心の健康問題により休業した労働者の職場復帰の手引き」「事業場における治療と職業生活における両立支援のためのガイドライン」が参考になる。

①健康診断の実態・事後措置（健康診断の企画・実施、健康診断結果を基に健康相談、事後措置を実施）

②健康相談、面談（労働者からの健康に関する相談を受け、適切な助言・対策、専門医の紹介）

③過重労働対策

④ストレスチェックとメンタルヘルスケア

⑤復職支援（休養中のケア、復職に関する主治医の意見、当該労働者の就労意欲や本人の状態、復職後の仕事内容に関する情報収集・評価、人事担当者や上司との利害関係の調整、職場復帰の可否の判断、就労条件・作業環境に関する助言・指導、復帰後のフォローアップ）

（5）労働衛生教育

　産業医は事業者・管理監督者、産業保健スタッフ、労働者それぞれに産業保健全般にわたって教育する立場にある。労働衛生教育は、政省令や指針などで事業者の責務として位置づけられている。

5 企業側からニーズの高い産業医の業務とは

　企業側からニーズの高い主な産業医の業務には、次の六つが挙げられる［図表1－5］。

①健康診断の事後措置
②過重労働対策
③ストレスチェックとメンタルヘルス不調社員の対応と
　フォローアップ
④がん等の内科疾患の社員の対応とフォローアップ
⑤職場巡視
⑥安全衛生委員会
　　　　　　　　　　　　　　　　…など多数

（1）健康診断の事後措置

　健康診断の実施後、産業医は、健康診断結果を確認し、必要な保健指導、事後措置を講じなければならない（健康診断の事後措置）。必要な保健指導や受診勧奨などの健康診断後のフォローを行う。特に、重症高血圧、重症糖尿病等は、脳卒中や心筋梗塞を発症するリスクが高く、安全配慮義務上、優先度が高い事後措置の項目である。

（2）過重労働対策

　時間外労働時間が、単月80時間を超えた場合は、本人の申し出に基づき、面接指導を実施する義務がある。過重労働などによる自殺が社会的に問題となる中、2019年4月施行の改正安衛法では、産業医・産業保健機能が強化されており、労働者の申し出による面接指導の実施要件である時間外・休日労働時間数は、「月100時間超」から「月80時間超」に引き下げられた。過重労働防止にかかる産業医の役割はますます大きくなっている。筆者は産業医として、時間外労働月45時間以上の社員に対して、**[図表1－6]**のようなチラシを、総務人事労務担当者経由で、当該社員に配布している。

（3）ストレスチェックとメンタルヘルス不調社員の対応とフォローアップ

　メンタルヘルス不調社員の対応は極めて重要である。ストレスチェックの実施と高ストレス者等への産業医面談、本人・職場側からの要請に

①血圧が高い場合

産業医からの重要なお知らせ
あなたは、血圧が高いです。
このまま放っておくと、脳卒中などになる危険性があります。
血圧計を購入し、毎朝、血圧を測りましょう。
1週間 7日のうち、血圧（拡張期血圧）が100を超える日が
3日以上ある場合は、迷わず、**必ず医療機関を受診してください。**

血圧を下げるために必要な3カ条
①**睡眠時間は6時間以上とりましょう**
　（眠れないなら、病院で医師に相談。睡眠は健康を保つ上で最も大切です）
②**お酒はほどほどにしましょう**
　1日多くて2合まで。休肝日は週に2日はつくりましょう
③**塩分は控えめにしましょう**
　・麺類は塩分が多い。**麺類は週に2回まで。**汁は絶対に残しましょう
　・醤油、ソース、ポン酢は極力かけない
　　（豆腐、野菜などには何もかけず、素材と向き合って食べれば自然と減塩です）
　・味噌汁は1日1杯まで
　・チーズ、ソーセージ、ハムなどの保存食はほどほどに

　　　　　　血圧計を購入し、血圧を毎日測定し、
　　　手帳やカレンダーに記入するようにしましょう
毎月1回の産業医訪問時に、産業医面談を受けられますので、面談を希望する方は
総務担当にご連絡ください。
（相談内容は守秘義務の観点から産業医以外に漏れることがないように配慮いたし
ております。安心して何でもご相談ください）

---

②血糖値が高い場合

産業医からの重要なお知らせ
あなたは、糖尿病の疑いが強いです。
このまま放っておくと、透析、失明、脳卒中など、大変なことになります。
すぐに（今週中）、**必ず医療機関を受診してください。**

血糖値を下げるために必要な3カ条
①**睡眠時間は6時間以上とりましょう**
　（眠れないなら、病院で医師に相談。睡眠は健康を保つ上で最も大切です）
②**お酒はほどほどにしましょう**
　1日多くて2合まで。休肝日は週に2日はつくりましょう
③**カロリー摂取はほどほどにしましょう**
　・甘いものを食べすぎないようにしましょう
　・カロリーが多い食べ物を食べすぎないようにしましょう
　・ジュースは控えめにしましょう
　・夕食の食べすぎは控えましょう

毎月1回の産業医訪問時に、産業医面談を受けられますので、面談を希望する方は
総務担当にご連絡ください。
（相談内容は守秘義務の観点から産業医以外に漏れることがないように配慮いたし
ております。安心して何でもご相談ください）

---

③睡眠関連

＜産業医からのお知らせ＞
仕事を頑張りすぎていないですか？

睡眠時間と健康障害

◆睡眠時間を６時間半から８時間とっている人は健康被害が少ないといわれています

◆睡眠不足は以下の健康障害の原因となります

- 脳機能障害、脳血管性疾患
- 循環機能の低下、冠動脈性心疾患
- 糖尿病
- 脂質代謝異常
- 肥満

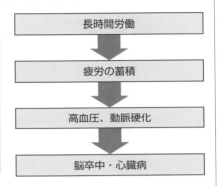

長時間労働

↓

疲労の蓄積

↓

高血圧、動脈硬化

↓

脳卒中・心臓病

＜快適な睡眠のために＞

①睡眠薬の代わりの寝酒は厳禁

②６時間以上の睡眠が望ましい
　朝６時起床←夜11時を過ぎたら床に
　朝５時起床←夜10時を過ぎたら床に

③毎朝決まった時間に日光を浴びて起床。目覚めて、朝御飯

血圧値の分類（日本高血圧学会）

分類	収縮期血圧 （mmHg）		拡張期血圧 （mmHg）
至適血圧 正常血圧	＜120 ＜130	かつ かつ	＜ 80 ＜ 85
正常高値血圧	130〜139	または	85〜 89
軽症高血圧	140〜159	または	90〜 99
中等症高血圧	160〜179	または	100〜109
重症高血圧 収縮期高血圧	≧180 ≧140	または かつ	≧100 ＜ 90

特に以下のような症状があれば、積極的に産業医面談を希望するようにしてください。
- 最近血圧が高い（特に下の血圧が90以上）
- 寝付けない、夜中に目が覚めるとあまりよく眠れない
- 明け方に目が冴える
- 頭痛、めまい、動悸がする
- 気分が沈んだりして、憂鬱なことがある
- これまで楽しくやれていたことが楽しめない
- 仕事が手につかないことがある
- 自分なんか消えてしまってもいいかなと考えることがある

毎月１回の産業医訪問時に、産業医面談を受けられますので、面談を希望する方は総務担当にご連絡ください。
（相談内容は守秘義務の観点から産業医以外に漏れることがないように配慮いたしております。安心して何でもご相談ください）

**治療と就労の両立支援を行う上での、
会社と産業医の連携ポイント**

①連携かつ信頼できる産業医であること
②産業医業務を確実に実施してもらうこと
③面談室のプライバシーの確保
④健康に関する個人情報の適切な取り扱い
⑤会社と産業医の連絡方法の確保
⑥社員への産業医に関する周知

基づく産業医面談、メンタルヘルス不調社員の職場復帰支援など、多岐にわたる。人事担当部門との情報共有と連携、主治医との連携、事例性と疾病性に分けた服務管理と健康管理がキーポイントになる。

（4）がん等の内科疾患の社員の対応とフォローアップ

　医療技術の進歩によりこれまで治療が難しかった疾病の生存率が上昇し、QOL（Quality of Life：生活の質）が向上していることなどを背景に、治療をしながら仕事を続けることを希望する社員のニーズが急速に高まっている。常時50人以上の労働者を使用する事業場では、適宜、産業医によるフォローアップ面談を実施することにより、産業医からの適切な助言を受けることが望ましい。疾病を抱えた社員の治療と就労の両立支援に際して、会社と産業医の連携は極めて重要である **[図表1－7]**。現在の産業医業務の中心領域である健康診断の事後措置、過重労働対策、ストレスチェックとメンタルヘルス不調社員への対応など、そもそも、これらの基本的な産業保健がおろそかになっている企業において、治療と就労の両立支援を充実させていくことは難しい。

6 産業医業務の重要事項

　産業医業務に関する重要事項について、見落とされがちな四つの点について言及したい。

（1）面談室のプライバシーの確保

　会議室などで社員と産業医が面談する話し声が、面談している部屋の外に漏れるようでは、安心して面談することはできない。面談室の声が外に漏れないような防音環境であることが重要である。特にオフィスビルの一フロアの事業場では、面談する部屋が応接室である場合が多く、面談を小声でしなければならないことも少なくない。設備的に面談する部屋の防音環境が保たれていない事業場では、面談室の外に、CDラジオ等を置いてリラックスできる音楽をかけている職場もある。

（2）健康に関する個人情報の適切な取り扱い

　産業医が社員と話した内容について、本人の了解を得た範囲内で、会社側と情報共有することが、産業医面談の質の確保の上で肝となる。社員が産業医と面談する一番の意義は、「利害関係がほとんどない面談である」ということだ。社員が上司や人事に言えないことを、産業医に心を開いて相談できることが重要なのだ。そのため、産業医が産業医面談後に、何でもペラペラと上司や人事にしゃべってはいけない。産業医は、その点に留意して、上司や人事という「利害関係者」に面談後の話をする際には、「利害関係者」に話してよいことと話してはいけないことを見分けることが重要となる。例えば、メンタルヘルス不調社員の面談の際、「睡眠時間が２〜３時間でほとんど睡眠がとれておらず、『消えてしまいたい』『自転車通勤しているが、途中で転んで車に轢かれたら楽になれるかも』と毎日考えており、すぐに精神科への受診、主治医の診断に基づいて療養したほうが望ましい」などの情報は、本人の了解を得た上で共有すべきである。しかしながら、「私の上司の〇〇部長はパワハラ上司だ。自らはあまり仕事しないくせに、部下に仕事を投げてばかり。以前、私が一生懸命に企画書を作成して部長に見せたら、急にその場で怒り出し、企画書をクチャクチャにして怒鳴り出した。もうこんな上司の下では働きたくないし、会社を辞めたい」といったことを産業医面談で産業医に打ち明けたとしても、産業医が、本人の了解なく、「利害関係者」で

ある総務人事労務担当者にそのままの情報を共有してはいけないのだ。

（3）会社と産業医の連絡方法の確保

　会社の中に産業医が常勤していない嘱託産業医の場合は、月1〜2回の勤務であることが少なくない。産業医の勤務日でない日に相談したい場合、産業医にメールや携帯電話などで連絡して対応方法のアドバイスを受けることが望ましい。社員の対応で困った場合に、いつでも産業医に連絡が取れる体制にしておくことは、治療と就労の両立支援において重要である。

（4）社員への周知

　改正安衛法により、産業医を選任した事業者は、その事業場における産業医の業務の具体的な内容、産業医に対する健康相談の申し出の方法、産業医による労働者の心身の状態に関する情報の取り扱いの方法を、労働者に周知させなければならなくなった。

　総務人事労務担当者は、「産業医が、12月14日午後2〜4時に来社するので、健康相談を希望される方は総務の○○までご連絡ください。守秘義務を遵守しますので、安心してお気軽にご相談ください」などのメールやポスターによる周知の徹底を図ることが一般的である。

7 信頼できる産業医を見極める

　会社と連携し、かつ社員から信頼される「良い産業医」の基本的条件として、次の4点が挙げられる **[図表1−8]**。

図表1−8　**産業医を見つける基本的条件**

①会社と連携できる産業医
②勤務日に確実に来社する産業医
③メンタルヘルス不調社員の対応ができる産業医
④社員と信頼関係を築ける産業医

（1）会社と連携できる産業医

　会社としては、会社の現状や意向などをある程度くみ取って、社員の対応などで連携できる産業医であることが重要である。産業医が、社員の話をよく聞いてくれること、会社の事情などを勘案してくれることが重要である。「上から目線の産業医」「医者であることを前面に出す産業医」「1人の面談時間に、いつも1時間以上かける産業医」……こんな"白衣を着ているだけ"の産業医とは契約を打ち切り、真に会社と連携できる"スーツが似合う"産業医と契約を結ぶべきである。

（2）勤務日に確実に来社する産業医

　外来や病棟などで医師としての業務を行いながら、産業医も担う医師も少なくない。産業医の多くは、開業医であることが多いため、時に突然の急患や外来で、産業医訪問ができなくなることもある。しかしながら、今は、最低限の法的義務だけを果たすために契約しているような、いわゆる"名義貸し"の産業医と産業医契約する時代ではない。勤務日には職場に訪問し、訪問できない場合でも職場と連携できる医師が望ましい産業医である。

（3）メンタルヘルス不調社員の対応ができる産業医

　「メンタルヘルス不調社員の対応ができること」が産業医の必要条件であり、必ずしも精神科医でなくてもよい。筆者の経験では、複数社の総務人事労務担当者から、「弊社は、精神科の先生が月1回産業医として訪問してくれているのですが、『医療機関の外来は数分しか診療時間を取れないが、産業医の面談は十分に時間があるので』と言われ、社員との面談に毎回1時間以上かけて困る」と苦情を受けたことがある。産業医として大切なことは、「当該社員が療養すべき状態であるのか、医療機関への受診が必要であるのか、健康情報を適切に取り扱いながら、就業上の措置に関する意見を述べて、総務人事労務担当者や上司と連携すること」に尽きる。

（4）社員と信頼関係を築ける産業医

　社員と信頼関係を築ける産業医とは、具体的にいえば、「気さくで、温和な人柄」「守秘義務を守れる」「社員の立場・気持ちをくみ取ってくれる」人のことである。一方、「面談時に社員と目を合わせて話をしない」「いつも上から目線」「不適切な発言で社員ともめ事になる」産業医では、トラブルを招くおそれがある。

8　日本産業衛生学会が認める産業医の専門医

　連携かつ信頼できる産業医を見つけるための一つの指標として、日本産業衛生学会が認定する「産業衛生専門医・指導医」がある。「産業衛生専門医・指導医」は、産業医としての研修と研鑽を重ねてきた「プロの産業医」の証しである。「産業衛生専門医・指導医」は、産業医学のトレーニングを受け、日本産業衛生学会の試験に合格した医師のみが標榜することができる。良い産業医と契約したいなら、この「産業衛生専門医・指導医」の資格を有する産業医を探すことが望ましい。

9　担当者間の連携で両立支援チームをつくる

　企業が治療と就労の両立支援を行っていく上でキーパーソンとなるのは、産業医、衛生管理者、社会保険労務士、産業看護職である。もちろん、主治医や病院の看護師、就労支援に関するコーディネーターの関与も重要であるが、両立支援には、その企業の事情をよく知っている、その企業と利害関係がある専門職が望ましい。

　産業医は、前述のとおり、就労支援を行う上で基本となる専門職であるが、50人以上の事業場にのみ選任義務があるため、50人未満の事業場では産業医が選任されていない場合がほとんどである **［図表1－9］**。

　二つ目が衛生管理者である。衛生管理者は、50人以上の事業場で選任

図表 1 - 9　企業規模によるキーパーソンの選任状況

| | | 「治療と就労」の両立支援のノウハウを共有 | | |
社　員　数	1001人以上	201人〜1000人	50人〜200人	30人〜49人	30人未満
産　業　医	専属産業医	専属／嘱託産業医	嘱託産業医	なし	なし
衛生管理者	4人	(501〜1000人)3人 (201〜500人)2人	1人	0人	0人
社会保険労務士	あり	あり	あり	あり	あり
産業看護職	あり	少ない	まれ	なし	なし

する義務があり、規模が大きくなるにつれ選任しなければならない衛生管理者の人数も増やさなければならない。衛生管理者は、その資格取得のために、労働衛生に関する知識を一とおり勉強しており、社員の健康管理や企業と医療機関の良き橋渡しとして期待される。

　三つ目が社会保険労務士である。社会保険労務士は国家資格であり、労働や社会保険に関する法令に基づいて各種手続きを行うほか、労働、社会保険、年金関連の問題の相談に応じる人事労務管理の専門家である。産業医や衛生管理者の選任義務がない50人未満の事業場では、治療と就労の両立に関する困りごとは、社会保険労務士に相談する企業が少なくない。社会保険労務士は中小企業における治療と就労の両立支援において必須の専門職である。

　四つ目が、産業看護職である。法的な選任義務がないため、雇用しているのは一部の大企業にとどまっているが、筆者としては、産業看護職ならではのきめこまやかなフォローアップとフットワークによる治療と就労の両立支援を期待している。

1　社員本人との情報共有と治療開始に伴う企業の対応

　ある日突然、社員から療養の申し出があった場合、療養予定の社員に対して、どのような対応をすべきだろうか[図表1－10]。

　まずは、お見舞いの気持ちを告げることである。「1人の人間として心配している」「治療が奏功し、病気が治ることを願っている」という気持ちであることを本人に伝えるのが第一である。療養開始時は、先々の不安で精神的に追い詰められている場合が少なくないため、「会社としてできることはしますので、ゆっくりと療養してください。療養できる期間など、後ほどお伝えします。また、療養や仕事のことなど気がかりなことがありましたら、いつでも会社に相談してください」と伝えることが望ましい。

　2点目は、本人の連絡先を確認することである。家族などの連絡先や、できれば病院名や主治医の情報を本人から聞き取っておくとよい。ただし、必要以上の情報収集は禁物である。例えば、がん罹患社員の場合、がんのステージに関する情報を収集する必要性はない。がんのステージなどの情報を何のデリカシーもなく、興味本位で聞く職場のスタッフ、また知り得た健康情報を当該社員と関係のないスタッフに漏らすスタッ

図表1－10　**社員から療養の申し出があった場合の対応**

①お見舞いの気持ちを告げる（1人の人間として）
②本人との連絡方法の確認等（家族の連絡先等、病院名等の情報共有）
　　随時「療養が必要である」旨の主治医の診断書を提出してもらう
　　職場復帰できるようになったら、「就労可能」の診断書を提出
③職場は必要以上に本人と接触しない
　　人事・服務上の事項については、本人に話したほうが望ましい
　　（身分保障期間の説明、療養中の給与、傷病手当金の説明等）

フなどが散見されるが、これからの時代には厳しく責任が問われてくると思われる。療養している社員の気持ちをくみ取って、そのようなことがないよう厳に慎んでもらいたい。

　診断書は主治医からの医学的な証明である。療養予定社員に診断書を提出させて、医師が「病名：○○、療養が必要な状態である」と認めていることを確認することが療養期にすべき最も大事な事項である。手続き上、年次有給休暇の残日数以上の療養が必要な場合は、主治医からの診断書を適宜会社に提出するような仕組みにしておくことが望ましい。

　診断書には、①診断書発行日、②病名、③療養期間（例：○月○日まで療養が必要である）、④診断書を発行した医療機関名・医師名と医師の印鑑が必須である。当初の診断書に記載されていた日よりさらに継続して療養が必要な場合には、当初の診断書で指定されていた療養日数を超えないうちに、次の診断書を提出することが必須であることを当該社員に伝えたほうが望ましい。

　療養期間中には、健康保険組合から傷病手当金が支給されるが、傷病手当金の支給期間は18カ月であり（健康保険法99条2項）、その支給額は「標準報酬日額の3分の2」が上限となる（同法99条1項）。詳細が分からない場合は、社会保険労務士や健康保険組合に相談し、療養中の給与、傷病手当金の説明を口頭もしくは文書で、本人に知らせておくことが望ましい。

2 療養中の“ボール”は主治医・医療機関が持っている

　療養期間中は、職場が必要以上に本人と接触しないことである。主治医から「療養が必要である」旨の診断書が提出されたということは、「ボールは主治医・医療機関が持っている」ことを意味する **［図表1－11］**。療養中であるにもかかわらず、本人に対する思いやりやデリカシーもなく、仕事の話を持ちかけるスタッフも散見されるが、できる限り、本人との

主治医から「療養が必要」の診断書が職場に提出される
≒「ボール」は主治医・医療機関が持っている
←職場は必要以上に、本人に接触したり情報収集したりしない
　治療と療養の環境をつくることが大切
　本人との連絡方法、人事・服務上の説明等

「療養中」

> **職場**
>
> 診断書　2019年7月15日
> 名前：○○　△
> 病名：胃がん
> 上記病名の治療のため、2019年7月15日
> から約2カ月間の休務を要す。
> ☆病院　医師　□□□　㊞

> 「ボール」
>
> **主治医**
> **（医療機関）**

接触は控えるべきである。

　会社の私傷病休職制度を確認後、当該社員に通知する。多くの会社では、在職年数に応じて、療養期間や身分保障期間（社員が会社に籍を残してもらえる期間）が定められており、その休職期間の満了をもって自動退職となる規定を設けている。療養中の社員から「休職期間満了期限について知らせてもらえず、いつの間にか自動退職となっていた」と訴えられないように、療養する当該社員に対して、いつまで身分保障されるか等、お互いに齟齬のないように書面で通知しておくことは必須事項である。もし、本人が直接会社に来られない場合は、郵便などで確実に本人もしくは家族に書面を送り、郵送したことを記録し、郵便の記録なども保存しておくことが望ましい。身分保障期間以外にも、療養中の給与、傷病手当金の申請などに関する情報も書面で通知しておく。これらの情報は、安心して療養するために不可欠な情報なので、書面だけでなく、直接本人に説明することも重要である。

欠勤や病休で療養している社員のデータ管理について述べたい [**図表1－12**]。

療養が必要な場合は、本人もしくは家族から、主治医による「療養が必要」という診断書を会社宛てに郵送か直接、持参してもらう。

前述したように、記載事項として、①診断書発行日、②病名、③記載事項欄に「いつまで療養が必要か」の療養期間の記載、④診断書を発行した医療機関名・医師名と医師の印鑑が必要である。特に③療養期間の記載が漏れやすいので、本人や家族にしっかりと記載してもらうよう、当該社員に念押ししておく。会社に提出された診断書の原本は、直属の

図表1－12　療養が必要との診断書が提出された場合の流れ

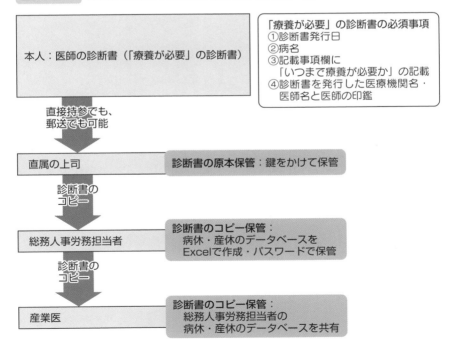

上司が鍵のかかる場所に保管するのが望ましい。ただし、業種業態によっては直属の上司が鍵のかかる場所に保管することが難しいケースもあるので、その場合は総務人事労務担当者が代理で鍵のかかる場所に保管したほうがよい。

　診断書の原本のコピーは、直属の上司から総務人事労務担当者、産業医などに紙か電子メールで添付ファイルとして送り、情報を共有する。

　総務人事労務担当者は、診断書のコピーを紙か電子データで保管するが、筆者からお勧めしたいのが、休職者のデータベースをExcelで作成・パスワードで保管しておくことである。

　作成のポイントは、診断書の情報と本人の療養の実態・経過を分けて管理することである。

　診断書1枚の情報を1行にデータ入力する。列の欄に、社員番号、社員の氏名、年齢、生年月日、性別、診断書発行日、病名、療養期間、記載事項欄のその他の記載、診断書を発行した医療機関名、医師名を記載する。よって、休職を繰り返す社員の場合には、複数の行に同じ社員のデータが入力されることになる。

　また、本人の療養実態などを1人1行でワークシート2に入力する。

　列の欄に、社員番号、社員の氏名、年齢、生年月日、性別、入社年月日、在職年数、健康保険証の番号などに加えて、療養開始日、欠勤開始日（病休開始日：各企業の病休制度に合わせて改変）、復職日、短時間勤務の有無（短時間勤務の期間の記載も）、再病休日とその理由となる病名、退職日、死亡日、他社への出向日などのフォローアップ最終日など記載しておくと、病休の管理がしやすくなる。再々病休があることに備えて欄を追加できるようにしておくことも必要である。

　このデータベースは、産業医などと情報共有を図る上で極めて重要なツールとなり、治療と就労の両立支援にとって必須の情報となる。

4 健康情報の漏洩を防ぐ

　病休に関する健康情報は、当該社員にとっては関係者以外に絶対に知られたくない個人情報である。直属の上司や総務人事労務担当者、産業医などは、業務上知り得た社員の健康情報を決して漏らしてはならない[図表１－13]。

　診断書の原本、診断書のコピーは、社内手続きなどで健康情報を扱わざるを得ないスタッフ以外に開示してはいけない。療養している社員の周りから「どうして、○○さんは休んでいるのですか」と聞いてくることが少なくないが、「体調不良で、しばらくの間、療養することになった」との説明にとどめておくべきである。伝えるにしても、周囲の社員には、病状がどのようなものであるか（疾病性）ではなく、具体的にどういったことで困っているか（事例性）に関する情報のみ最小限の範囲にとどめる。「疾病性」に関する情報を伝える必要性は基本的にはない。これらの情報は、プライバシーに関わる繊細かつ極めて慎重に扱うべき情報であり、今後、治療と就労の両立支援分野においても不適切な健康情報の取り扱いによっては訴訟に至るリスクがあることを認識しておかなければならない。

　診断書等の健康情報を含んでいる書類の紛失やデータの漏洩がないよ

図表１－13　健康情報に関して職場でやってはいけないこと

- □ 診断書を周囲の社員に開示する
- □ 診断書等を紛失する
- □ 病休データの紛失・漏洩をする
- □ 電話口で大きな声で療養中の社員の話をする
- □ 居酒屋などで、知り得た情報をべらべらと話す
- □ 本人の了解なく、主治医と面談する
- □ 本人の了解なく、産業医等が知り得た情報開示を要求する

うに、データの管理方法に細心の注意を払うことが重要である。以下では、ついやってしまいがちな行動を挙げる。

①療養中の社員と大きな声で病気の内容について電話してはいけない

　療養している社員に電話をすることがあるかもしれないが、大きな声で話して周りの社員がその内容を知ることがないように配慮しなければならない。場合によって、席を外して、誰もいない場所で小声で話すなどのこまやかな配慮が必要である。

②療養中の社員の健康情報をアフターファイブ（居酒屋など）で漏らしてはいけない

　現在、多くの職場で配慮がなされていない事象として、居酒屋などアフターファイブでの健康情報の取り扱いがある。業務時間内、業務時間外を問わず、療養中の社員の健康情報を漏らしてはいけない。「○○さんは、芸能人の△△さんと同じ、乳がんでステージはⅢらしい」などと決して漏らしてはいけない。医療機関では、守秘義務の遵守が徹底されているが、職場においては、社員の健康情報の管理が適切になされていない。今後、社員の健康情報の漏洩で、訴訟に発展するケースも考えられるし、何より、療養中の社員の気持ちを考えると、絶対に健康情報を漏らしてはいけないのだ。

③主治医・産業医から本人の同意なく情報を引き出してはいけない

　本人の了解なく、主治医と面談してはならない。また、本人の同意がないのに、産業医等が知り得た健康情報を引き出そうとすることもご法度である。

4 復職期の実務対応

1 復職するための四つの要素

　療養していた社員の復職判定において、「主治医が『就労可能』と記載した診断書を提出してきた社員がいるのですが、復職後の仕事をどのように判断・配慮したらよいでしょうか」という相談が少なくない。復職判定するときに、押さえておかなければならないのが、「復職するための四つの要素」である　[図表1−14]。

　病院を退院して自宅療養になったからといって、すぐに職場で働ける状態であると勘違いしてはいけない。自宅療養可能というのは、あくまで日常生活に大きな支障を来す症状がないという意味であり、睡眠・食事がまだ十分に取れなかったり、体力が元どおりに回復していなかったりすることが少なくないからだ。

　[図表1−14] の1段目にある「日常生活が『普通に』できるレベル」であることは、復職するための必要条件にすぎない。

　復職するための十分条件を満たすには、「①日常生活に大きな支障を来す症状がない」にプラスして、②就労意欲（復職する意思が十分にある）、

図表1−14　**復職するための四つの要素（①〜④）**

２段目　**働くことができるレベル**
④職場が受け入れ可能（職場の復職支援）
③就労に必要な労働の提供が持続的に可能（就業能力）
②復職する意思が十分にある（就労意欲）

復職認定

１段目　**日常生活が「普通に」できるレベル**
①日常生活に大きな支障を来す症状がない
（疲労、疼痛等の症状の有無、睡眠、メンタルヘルス等）

治療

③就業能力（就労に必要な労働の提供が持続的に可能である。例えば、「週5日、始業時刻までに出社する」「求められる仕事をこなす」「職場で協調性をもって行動する」など）、④職場の復職支援（職場が受け入れ可能である）の条件が必要となる。

　この四つの条件を満たして、初めて「働くことができるレベル（[図表1－14]の2段目）」に達したことが確認でき、復職が認められるべきである。

　主治医から「就労可能」との診断書が提出されたことは、「①日常生活に大きな支障を来す症状がない」＋「②復職する意思が十分にある」という二つの条件を満たしていることしか意味しない。実際に、復職後に就労を継続できるかを判断するためには、「③就業能力」と「④職場の復職支援」の評価を実施しておく必要性がある。

　主治医が判断する「就労可能」レベルと、実際に会社が判断する「復職可能」レベルにギャップがあるということは、すなわち「③就業能力」と「④職場の復職支援」に関して評価しなければならないという意味である。このギャップは、会社側にとって、しばしば誤解や苦悩の種になることが少なくない。

2 職場は、病院やリハビリ施設ではない

　療養している社員から「就労可能」の診断書が提出されても、復職するときは、復職後の治療（例：抗がん剤治療など）の継続、症状や副作用、不眠症やメンタルヘルス不調など「日常生活が『普通に』できるレベル」が揺らぎやすい状態で、そうした中で「働くことができるレベル」状態を維持しながら働くことは、復職希望社員にとって厳しい状況と言わざるを得ない [図表1－15]。

　「職場は、病院やリハビリ施設ではない」。治療と就労の両立支援は、あくまで「職場」という組織の中でなされるため、職場には、「できること」

図表 1 −15 就労可能の診断書が提出された場合のスタンス

就労可能の診断書が提出されたが……

「職場は、病院やリハビリ施設ではない」
「職場は、利害関係が渦巻く、利益を求める組織」
　↑
復職面談で、適切な復職判定と、利害関係の調整が必要

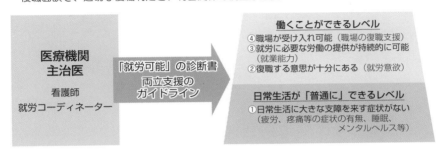

と「できないこと」がある。場合によっては、復職した当該社員とそれ以外の社員との間で不公平が生じる可能性もある。「就労可能」の診断書が提出された後に、復職する社員、直属の上司、産業医、できれば総務人事労務担当者が話し合い、「利害関係の調整」を進めていくことが重要である。

3 社員が復職を申し出たときの対応

　療養中の社員が、会社に「職場に戻れそう」と復職を申し出てきた場合には、まず、主治医の「就労可能」の診断書を会社に提出するように本人に伝える **[図表 1 −16]**。

　主治医が「医学的に就労できる状態であることを証明したもの」が「就労可能」「復職可能」の診断書である。医学的に就労可能な状態であることを診断書で確認してから、職場復帰を判断することが必須である。「就労可能」の診断書を確認しないまま、社員を働かせて事故などを発生させてしまった場合には安全配慮義務に関わる事案となり、トラブルのもとになる。

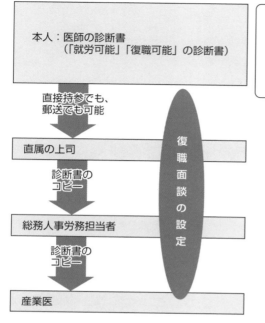

図表 1 −16　就労可能の診断書が提出された場合の流れ

本人：医師の診断書
　　　（「就労可能」「復職可能」の診断書）

「就労可能」の診断書の必須事項
①診断書発行日
②病名
③記載事項欄に
　「就労可能」「復職可能」の記載
④診断書を発行した医療機関名・
　医師名と医師の印鑑

直接持参でも、
郵送でも可能

直属の上司

診断書の
コピー

総務人事労務担当者

診断書の
コピー

産業医

復職面談の設定

4　復職面談の設定

　前述したように「就労可能」の診断書が提出されたら、復職面談を設
定する [図表 1 −17]。復職面談の場所は、会議室や医務室など話し声が
部屋の外に漏れない、プライバシーが十分に保たれる場所に設定するこ
とが望ましい。

　復職を申し出てきた療養中の社員は、長期間療養の後、復職面談のた
めに久しぶりに会社に出社することになるため、多くの社員と顔を合わ
せることで緊張・萎縮してしまわないように、あまり人の目に触れない
ような場所にある面談室が好ましい。

　復職面談は、通常、就業時間内に行い、 1 人30〜60分で実施するのが

図表1−17 復職面談の設定

```
面 談 の 場 所：会議室や医務室など（プライバシーが保たれる場所）
面 談 の 時 間：1人30〜60分で設定（就業時間内）
                （産業医の訪問時間に合わせて、総務人事労務担当者
                 が、復職面談を設定）
面 談 の 参 加 者：本人、直属の上司、産業医、総務人事労務担当者
産業医面談問診票：産業医面談問診票を復職面談対象者に面談前に配布
                必要事項を記入の上、指定の時間に産業医面談を受け
                させる
面 談 で の 準 備 物：本人の健康診断や今までの経緯の記録（特に、療養期
                 間、残りの年次有給休暇日数等）
                 主治医の「就労可能」の診断書のコピー
                 産業医の意見書（産業医に記載してもらう）
```

一般的である。復職面談以外の産業医面談（例えば、健康診断の事後措置の面談や過重労働面談、ストレスチェック後の高ストレス者面談）であれば、15〜20分で設定することが一般的だが、復職面談の場合は、治療内容や就業能力の判断、職場の受け入れ状況など確認すべき事柄が多く、1人30〜60分での面談時間を設けることが望ましい。

5 復職面談で確認すべきポイント

一般的な復職面談の流れは、以下のようになる **[図表1−18]**。

(1)復職面談前の事前準備

直属の上司と総務人事労務担当者が、復職希望の社員に関する経緯を産業医に説明する（2〜3分）。今回の療養開始日、病名等、会社が対応し把握している範囲での情報共有を行う。復職希望の社員に対する会社からの以下のような復職条件は、あらかじめ産業医に提示しておくとよい。例えば、①元の職場に復職してほしい、②営業のバックヤードに配置を変えるなどの柔軟な対応が可能、③フルタイム勤務ができないと、復職を認めることが社内的に難しい、④半年ぐらいであれば、短時間勤

図表 1 −18 **復職面談の流れ**

①直属の上長と総務人事労務担当者が、復職希望の社員に
　関する経緯等を産業医に説明（２〜３分）
②本人と産業医が復職面談を実施（30分〜）
　　復職への意思、就業能力の評価
　　復職判定：「働くことができるレベルにあるか」
③本人、産業医、直属の上司、総務人事労務担当者の面談
　　職場の受け入れ確認
④復職認定の可否

務を認めてもよい、などである。

　後に産業医が本人と面談して、本人の気持ちや状態を聞いていく中で、どのように調整したほうがよいのかを考える検討材料になる。

（２）本人と産業医との面談

　次に、本人と産業医が復職面談を実施する（通常30分程度）。産業医は、本人が記載した「産業医面談問診票」の記入項目を参考にしながら、面談を進めていくと時間の短縮につながる [図表 1 −19、 1 −20]。それまでの経緯と治療内容、現在の体調の確認、復職への意思、そして、就業能力を客観的に評価する。「受け入れる職場の作業に関して、働くことができるレベルにあるのか」を産業医が判断していく。

（３）本人、産業医、直属の上司、総務人事労務担当者の４者面談

　本人の復職への希望と就業能力、産業医の意見、職場の受け入れの準備等を勘案して、必要に応じて、利害関係を調整しながら「落としどころ」を探る。

（４）復職判定

　４者での協議の上、職場、仕事内容、勤務時間、就業上の配慮等を決定し、復職判定に至る。復職面談が終わり次第「復職に関する意見書」を産業医から会社側に提出してもらい、会社は鍵をかけた場所に厳重に保管しておく。

　上記（２）本人と産業医との面談で使用した「産業医面談問診票」は、

産業医面談問診票

（フリガナ）		役職	性別	生年月日
氏名			男性 女性	年　　月　　日生（　　歳）

所属部課名	現職場の勤務年数	
	年　　　月	□正社員　　□契約社員　　□派遣社員 □その他（　　　　　　　　　　　　　）
仕事の内容	異動前の職場名	職場構成
		上司（役職・氏名）　　　　　担当　　名

直近3カ月の残業時間			体重　　　　kg	本日の血圧
先々月 _____時間　先月 _____時間　今月 _____時間			（増・不変・減）	／　　　mmHg

【生活形態】□家族と同居　□一人暮らし　□単身赴任　□その他（　　　　　　）
【通勤時間】自宅から会社まで（片道）__時間___分：（通勤経路）
【交通手段】□車　□自転車　□公共交通機関（電車等）（最寄駅：　　　　）　□その他（　　　）

【今までにかかったことのある病気】 □なし　□あり（　　　　，　　　　）	【現在治療中の病気】 □なし　□あり（病名：　　　　　　　）

☆最近1カ月の平均的な生活時間帯や生活の状況を記入し、チェックを入れてください

●起床（　時　　分）●会社到着（　時　　分）
●退社（　時　　分）●就寝（　時　　分）
●睡眠時間（　時間）●熟睡感（あり・なし）
□寝つきが悪い　□夜中に何度も目が覚める
□明け方に目が覚めて眠れない
●体調　□良い　□まあ良い　□少し悪い　□悪い
●（あなた本来の気力・体力を100%とすると）
　　　　現在の気力・体力は、（　　　　）％
●朝食　□毎日食べる　□時々　□食べない
●昼食　□毎日食べる　□時々　□食べない
●喫煙　□吸わない　□やめた　□吸う（　本/日）
●飲酒　□飲まない　□飲む（　合/日×　回/週）
☆当てはまる症状にチェックを入れてください
□頭痛　□めまい　□食欲低下　□吐き気
□風邪気味（□鼻水　□のどの痛み　□咳）
□動悸　□息切れ　□胸痛　□胃痛　□下痢
□便秘　□だるさ　□腰痛　□むくみ
□心理的苦悩（具体的には…　　　　　　　　）

●仕事で困った時、同僚は頼りになる
　□そうだ　□まあそうだ　□やや違う　□違う
●仕事で困った時、上司は頼りになる
　□そうだ　□まあそうだ　□やや違う　□違う
●仕事に集中したり、決断できないことがある
　□全くない　□週に（　）回は思う　□毎日思う
●わけもなく朝から疲れた感じがすることがある
　□全くない　□週に（　）回は思う　□毎日思う
●気分が沈んだり、憂鬱でしょうがないことある
　□全くない　□週に（　）回は思う　□毎日思う
●不安で、心が落ち着かないことがある
　□全くない　□週に（　）回は思う　□毎日思う
●これまで楽しくやれていたことが楽しくないことがある
　□全くない　□週に（　）回は思う　□毎日思う
●自分がいないほうが仕事がうまくいくと思うことがある
　□全くない　□週に（　）回は思う　□毎日思う
●自分なんて、消えてしまってもよいと思うことがある
　□全くない　□週に（　）回は思う　□毎日思う

産業医記入欄	□自己チェックの指導　　□生活改善指導　　□医療機関へのフォローアップ継続に関する指導 面談日　　年　　月　　日　　医師サイン _____ ※職場への情報提供：了解・拒否

（様式）　がん罹患社員対象　復職面談問診票　　　　　面談日　　年　　月　　日

氏名		入社年数	職位	社員区分	
男性 女性	年　　月　　日生（　歳）	（　　）年	□管理職 □管理職でない	□正社員　　□契約社員 □派遣社員　　□その他（　　　）	

☆当てはまるものにチェックを入れ、できる限り詳細に教えてください

本人記載欄

【療養の原因となったがんの病名】（　　　　　）がん：□ステージⅠ　□ステージⅡ　□ステージⅢ　□ステージⅣ
【治療内容】□手術（どんな手術？：　　　　　）□腹腔鏡を使った手術　□胃・大腸などの内視鏡を使った手術
□抗がん剤治療（治療期間は、　年　　月頃から　　カ月間）□放射線治療　□その他（　　　　　）
【休んでいた時期】　　年　　月　　日頃から　　　年　　月　　日頃まで
【入院していた日数】約　　　　日　【復職日もしくは復職予定日】　　年　　月　　日

【現在内服中の薬を（分かる範囲で）詳しく教えてください】

【今後の治療予定】□抗がん剤治療　□放射線治療　□その他（　　　　　）□分からない
（治療開始時期・期間など分かる範囲で…）

【今までにかかったことのある病気】 □なし　□あり（　　　．　　　．　　）	【現在治療中の病気】 □なし　□あり（病名：　　　　　）

【通勤時間】自宅から会社まで（片道）＿＿時間＿＿分
【交通手段】□公共交通機関（電車等）（自宅の最寄駅：　　　　　）（会社の最寄駅：　　　　　）
　　　　　□車　□自転車　□その他（　　　　　）
【通勤経路を詳しく書いてください（例：○○駅何時何分の電車に乗り、○○駅で乗り換え…）】

【職種】□事務職　□営業職　□技術職　□研究職　□その他
具体的な仕事内容：（　　　　　）
□立ち作業がベースの職場　□座り作業がベースの職場　□熱中症の恐れのある熱源のある職場
□ものを運ぶ職場（最大　　kg）□高所作業を伴う職場　□足腰をよく使う職場　□長時間の運転（約　　km）
□神経を集中しなければならない作業を伴う職場　□業務量が多い職場　□移動が多い（徒歩等）

【生活状況】□家族と同居　□一人暮らし　□単身赴任　□その他（　　　　　）
【家族の就労状況】□自分ひとりで稼いでいる　□共働き　□その他（　　　　　）

☆現在の平均的な生活時間帯や生活の状況などを記入し、チェックを入れてください

●起床（　時　分）●会社到着（　時　分）
●退社（　時　分）●就寝（　時　分）
●睡眠時間（　　時間）●熟睡感（あり・なし）
□寝つきが悪い　□夜中に何度も目が覚める
□明け方に目が覚めて眠れない
●体調　□良い　□まあ良い　□少し悪い　□悪い
●（あなた本来の気力・体力を100％とすると）
　　　　現在の気力・体力は、（　　　　　）％
●朝食　□毎日食べる　□時々　□食べない
●昼食　□毎日食べる　□時々　□食べない
●喫煙　□吸わない　□やめた　□吸う（　　本/日）
●飲酒　□飲まない　□飲む（　合/日×　回/週）
☆当てはまる症状にチェックを入れてください
□頭痛　□めまい　□食欲低下　□吐き気
□風邪気味（□鼻水　□のどの痛み　□咳）
□動悸　□息切れ　□胸痛　□胃痛　□下痢
□便秘　□だるさ　□腰痛　□むくみ
□心理的苦悩（具体的には…　　　　　）

●仕事で困った時、同僚は頼りになる
　□そうだ　□まあそうだ　□やや違う　□違う
●仕事で困った時、上司は頼りになる
　□そうだ　□まあそうだ　□やや違う　□違う
●仕事に集中したり、決断できないことがある
　□全くない　□週に（　）回は思う　□毎日思う
●わけもなく朝から疲れた感じがすることがある
　□全くない　□週に（　）回は思う　□毎日思う
●気分が沈んだり、憂鬱でしょうがないことがある
　□全くない　□週に（　）回は思う　□毎日思う
●不安で、心が落ち着かないことがある
　□全くない　□週に（　）回は思う　□毎日思う
●これまで楽しくやれていたことが楽しくないことがある
　□全くない　□週に（　）回は思う　□毎日思う
●自分がいないほうが仕事がうまくいくと思うことがある
　□全くない　□週に（　）回は思う　□毎日思う
●自分なんて、消えてしまってもよいと思うことがある
　□全くない　□週に（　）回は思う　□毎日思う

今、一番つらいことは何ですか？（　　　　　）

産業医記載欄

産業医のみが知り得る健康情報であり、個人情報保護法上の要配慮個人情報に当たるため、細心の注意と配慮が必要である。産業医が厳重に保管するか、「産業医のみ閲覧可能。産業医以外の閲覧を禁ずる」などとラベルを貼ったバインダーでまとめて、鍵をかけた場所に保管をすることが求められる。

6 復職判定のポイント

　復職判定においては復職希望者が安定した通勤・勤務が可能であるかが基本にある。復職判定には、多くの要因が関連しており、機械的に判断することは難しいため、原則として個別に対応せざるを得ない。個別に判断するということは事例間での不公平が生じる懸念もあることから、ある程度の基準に基づいて判断することが望ましい。その意味で **[図表 1 −21]** の「復職判定のポイント」は参考になる。

　主治医等の医療機関のスタッフが、「短時間勤務でお願いしたい」などの就業上の意見を述べてきても、「復職をどうアレンジするかは、会社が

図表 1 −21　**復職判定のポイント**

「職場は、病院やリハビリ施設ではない。利害関係が渦巻く、利益を求める組織」
●主治医からの「就労可能」の診断書の確認（必須にすべき）
①生活リズムの確認（"日常生活が「普通に」できるレベル" か？）
　「安定した勤務ができる生活リズムが継続しているか」
　　例：生活記録表等
②就労意欲の確認
③就業能力の確認（"働くことができるレベル" か？）
　必要な頭脳労働・肉体労働が可能か？
　一定時間の集中力持続、考える力があるか？
　　例：通勤訓練、リワーク
④職場の受け入れ態勢の確認
　復職する職場（本人の希望を含めて）、仕事内容、勤務時間、管理監督者
●治療と就労の両立に関する環境の確認（通院）の確認
　通院するための時間等が確保できるか？

決める」のが基本である。

　自宅療養中に「日常生活が『普通に』できるレベル」で生活できていたとしても、いざ働くとなると、もう一段上のレベルが求められる。

　「毎日、大宮から大手町まで、通勤ラッシュの中、通勤できるか」

　「毎日、自宅から会社までの20kmの道のりを自動車で通勤できるか」

　「熱くて、溶剤の臭いの強い現場で、働いていけるか」

　「立ち仕事が中心の現場で、フルタイム勤務を続けられるか」

　職位、職種、勤務時間、作業場所、仕事内容など、さまざまな条件を勘案して復職の可否を判定する。

---

7 復職判定チェックリスト⑴
診断書の確認と治療状況の確認をする

　前述のとおり、主治医からの「就労可能」の診断書を確認する **[図表1−22]**。

　次に、療養中の治療状況、経緯についての情報を集めていく。今までにどういう病気になったことがあるか（既往歴）、診断の経緯、どのよう

図表1−22　**復職判定チェックリスト**

復職判定チェックリスト
□ 主治医から「就労可能」の診断書を確認
□ 治療状況の確認
　　□ 受診中の医療機関：
　　□ 主治医：
　　□ 病名：
　　□ 現在内服中の薬のリスト：
　　□ 今後の受診間隔：約（　　）週に１回
　　□ 今後の検査：
　　□ 今後の治療計画：

□ 主治医に確認する必要性あり（照会状）

な治療がなされてきたのか（現病歴）は重要な情報である。医療機関名と主治医の名前、現在内服している薬があれば、お薬手帳や口頭などで情報を収集する。今後の治療計画についても聞く必要がある。特に、がんの場合は、手術後に抗がん剤治療や放射線治療を行ったり、再発して再治療を行う可能性があるため、再発の可能性、5年生存率、職場で配慮すべき意見などの情報も収集していく。不明な点がある場合は、産業医から主治医に照会状（紹介状ではない）を出して、さらなる情報を引き出すことも少なくない。

8 復職判定チェックリスト(2) 復職時には本来の70％以上の体力が必要

「日常生活が『普通に』できるレベルか」を確認したら、「就労に耐え得る状態であるのか」をチェックする。復職面談時に「療養前の元気な時の体力・気力、本来のエネルギーを100％とすると、今は何％ですか？」と尋ねるとよい **[図表1−23]**。体力を推し量る質問票は数多くあるが、それは逆に言うと、体力を測定する難しさもあるということも意味する。

図表1−23　**復職時には本来の70％以上の体力が必要**

エネルギー（気力・体力）：あなた本来の体力・エネルギーを100％とすると、今はいくつですか？

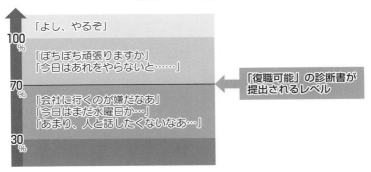

なぜか昔から産業保健の世界では、「あなた本来の体力・エネルギーを100%とすると、今はいくつですか」と尋ね、就労の目安としている。一般的に、復職時には本来の70%以上の体力が必要といわれているが、この質問は、筆者も復職時の面談で聞く価値はあると考えている。体力は、本人しか分からない目に見えない症状（invisible symptoms）であるため、他人が気づきにくいのが特徴である。この体力低下とどう向き合っていくかが、治療と就労の両立支援における肝であり、復職時にどのくらいの体力であるのかを評価しておくことが重要である **[図表1-24]**。

生活に支障を来す症状の有無についても確認する。身体の症状として、疲労や疼痛、食欲不振や吐き気や嘔吐（実際に吐いてしまう）、便秘や下痢、息切れ、浮腫（むくみ）などをチェックする。さまざまな種類の症状が存在する中で、復職時に認めている症状すべてを復職面談時に確認しておく。

ほかにもメンタルヘルス不調や睡眠障害、心理的苦悩等の状態についても確認する。

「何時に布団に入り、何時に寝ているか（入眠時刻と入眠困難の有無）」

図表1-24 **生活実態をチェックする**

□ 体力が就労に耐え得る状態である
　「療養前の元気な時の体力を100%とすると、今は（　　　）%」
　　　　　　　　　　　　　　　　　　　　　　（就労の目安：70%以上）
□ 生活に支障を来すほどの症状ではない（疲労・症状等）
　□ 疲労（体力低下）　　　　□ 疼痛（頭痛・腹痛・その他）
　□ 食欲不振・悪心・嘔吐等　□ 便秘・下痢等
　□ 息切れ　　　　　　　　　□ その他（　　　　　　　　　　　　）
□ 睡眠状態は良好で、メンタルヘルス不調の兆候はない（睡眠・精神面）
　睡眠時間：　　時間、入眠時刻：___時___分　起床時刻：___時___分
　□ 入眠困難　　□ 中途覚醒　　□ 早朝覚醒
　□ 朝寝・昼寝を週2日以上する　　□ 気分の落ち込みがある
　□ 不安感・焦りが強い　　□ その他（　　　　　　　　　　　　）
　□ 精神科医等のフォローアップが必要

「夜中に目を覚ますことが週に何回あるか（中途覚醒の有無）、朝方の睡眠はどうか（早朝覚醒の有無）」

「自宅療養中、朝寝、昼寝の有無と頻度はどうであったか」

「気分の落ち込み、不安感、その他心理的にどういったことがつらいか」などを聞き取り、できる限り、復職希望の当該社員に寄り添うようにして症状を確認する。

9 復職判定チェックリスト(3) 職場での配慮の必要性、就業能力、職場の受け入れ態勢を確認する

次に、「働くことができるレベルであるか」どうかを判断する。復職したい気持ちが十分にあるかどうか（就労意欲）を確認する。さらに職場での配慮が必要かどうか、就業上の措置等の検討が必要かどうかを評価する **[図表 1 − 25]**。

「フルタイム勤務が難しい」「時間外労働は難しい」「夜勤は難しい」「身

図表 1 − 25 **就労の継続可能性をチェックする**

```
□ 復職する意思が十分にある（就労意欲）
□ 職場での配慮が必要な状況である（就業上の措置等の検討）
    □ フルタイム勤務が難しい    □ 時間外労働は難しい    □ 夜勤は難しい
    □ 身体に負荷がかかる作業は難しい    □ 分食が必要
    □ 勤務時間中に、頻回にトイレに行ったり休憩する可能性あり
    □ その他の懸念（                                        ）
□ 毎日（週 5 日）、決められた時間に通勤できる状態である（通勤）
    通勤経路：              （通勤時間：              ）
□ 就労に必要な頭脳労働・肉体労働が可能（就業能力）
    □ 求められる仕事を実施可能
        □ 座り仕事がベース    □ 立ち仕事がベース
    仕事（作業）の内容：
    □ 職場での良好な人間関係の構築が可能
□ 職場が、復職を受け入れるスタンス、受け入れ可能である（復職支援）
    受け入れ職場：
    直属の上司：
```

体に負担がかかる作業は難しい」「分食が必要」「勤務時間中に、頻回に
トイレに行ったり休憩する可能性あり」など、実際の働く現場で考えら
れること（これを「事例性に基づいた対応」という。詳細は後述する）
をベースに、職場で必要な配慮を検討する。

　通勤手段に関して、電車であれば、最寄駅、徒歩の時間、乗車時刻な
ど、自動車であれば、走行距離、渋滞の有無などを含めて、通勤する道
も確認して、毎日安全に通勤できる状態かどうかを判断する。

10 復職判定－産業医の「復職に関する意見書」や「復職判定結果」を用いて産業医の意見をフィードバックさせていく

　主治医の診断書、産業医からの意見書と口頭での説明、会社側のスタ
ンスなどを総合的に判断して、会社としては復職を認めるかどうかの判断
を行う [図表1－26]。直属の上司および総務人事労務担当者が、復職面
談で得られた産業医の判断を必ず受け入れなければならないというわけ
ではない。復職について、産業医は重要な助言を行う立場にあるが、最
終的な決定権限は会社にある。産業医の意見どおりの判断とするかどう

図表1－26　**復職判定結果**

```
☐ 復職可能
   ☐ 短時間勤務が望ましい
   ☐ フルタイム勤務が可能であるが、時間外労働は不可
   ☐ 通常勤務が可能で、時間外労働は月＿＿時間まで可能
   ☐ 時間外労働の制限なし
   ☐ 作業内容に配慮が必要（具体的には：　　　　　　　　　　）
   ☐ 自動車の運転は不可
   ☐ 夜勤は不可
   ☐ 産業医のその他の意見（　　　　　　　　　　　　　　　　）
☐ 復職できる状態ではない（復職不可）
☐ 主治医と連携（照会状等）する必要性あり
☐ 今後、産業医面談が必要　　　次回　　月　　日　　時から
```

か、職場として取り組むべき就業上の措置（例：短時間勤務を認めるか等）を実施するかどうかなど、「復職の壁」の高さは、会社が決めるのだ。

5 復職後の実務対応

1 復職直後の社員への声掛け、フォローアップ

復職直後の社員に対しては、「安定した勤務が一番重要である」ことを伝えることが大切である **[図表1-27]**。

復職直後の社員は、今まで治療と自宅療養などで長く職場を離れていたことに対する「後ろめたさ」から、復職後に一生懸命働こうとする人が少なくない。「今までお休みしていたので、できる限り、頑張りたい」「また、元の職場で働けると思います」などとアピールする社員もいるが、実際には「何とか職場まで通勤して、フルタイム勤務に努めている」ケースが多い。「フルタイムで働き続けるのはつらい」「毎日、通勤するだけで、へとへとです」などと、正直に職場の関係者に伝えると、不利

図表1-27 復職直後の社員本人に対しての会社としての対応・アドバイス

- 「安定した勤務が一番重要である」ことを、本人に伝える
  （頑張りすぎないように。無理しすぎないように）
- 「定期的に主治医の診察を受ける」ように、本人に伝える
  （体調不良の場合等：速やかに主治医の診察を勧める）
- 「本人が言える範囲内で、会社に配慮してほしいことを上司等に言う」ように、本人に伝える
- 直属の上司は、本人と定期的に面談を行う
  （業務上の配慮、体調等の確認）
- 突発休（特に3日以上）を認めた場合：速やかに人事・産業医等と情報共有を図る
- 産業医面談を定期的に受けさせる（例：月1回）

益を被る可能性があるかもしれないと考えているからである。

　そのため、直属の上司から「頑張りすぎず、無理しなくてもいいですよ」「慌てず、焦らず、諦めず、でいきましょう」と声を掛けると、復職直後の難しい時期に前向きな気持ちに傾きやすい。ぜひ思いやりのある声掛けをお願いしたい。

　また、「定期的に主治医の診察を受けてください」と、体調不良時には、速やかに主治医の診察を受けるように勧めることも大切である。職場側から「治療のつらさ、体力が万全でない中で、今が一番つらいときですから、遠慮なく、早退など申し出てください」と伝えてもよい。「可能な範囲内で会社に配慮してほしいことを上司等に言ってください」と伝えることも、心理的に追い詰められつつある社員の心を軽くするだろう。

　さらに、直属の上司が本人と定期的に面談を行うことは、本人の体調を確認するという意味でとても重要である。復職後に、外来通院や、がんの場合で抗がん剤治療中の社員には、遅刻や早退、短時間勤務を一時的に認めることが望ましい。

　また、産業医が、本人に産業医面談を定期的に（月１回など）受けることを勧めて、適切にフォローアップすることは重要である。復職日から半年間は月１回実施する。治療や体調に変化が見られない場合は、２〜３カ月に１回の産業医面談の実施が望ましい。ほぼ完治して、職場でのフォローアップの必要性がなくなった場合は、産業医面談を終了してもよい。

2 デスクワーク、「サブ」的な業務であれば、治療と就労は両立しやすい

　復職した社員に対して、職場では「何を配慮すればいいのか分からない」「元どおりには働けないのではないか」などの声をよく聞く**[図表１−28]**。復帰する職場で、身体への負荷の少ない業務への配置が難しい場合には、さまざまな利害関係の調整により、総務人事労務などの間接部門や営業

図表1−28 復職後に治療と就労を両立させるための対応

> - 座り仕事が望ましい
>   （立ち仕事や負荷の大きい作業は避けたほうが望ましい）
>   （熱源がある現場など、体力を消耗させる作業は控えたほうがよい）
> - 「サブ」的な業務が望ましい
> - 残業は難しい。フルタイム勤務が難しい場合は、期間限定の時短勤務
>   等を検討
> - 追加の休憩時間の設定、休憩室（男女別で、横になれるスペース）等
>   の整備
> - 産業医面談を定期的に（1回/毎月〜数カ月）受けさせ、産業医等の
>   意見をベースに、対応することが望ましい
>
> →このような配慮は、復職後1年間、実施することが望ましい

のバックヤード業務などの事務職に配置転換することが望ましい。

　また、当該社員に責任がすべてかかる「メイン」業務ではなく、誰か
の仕事を手伝う「サブ」的な業務などで少しずつ様子を見ていくことが
望ましい。ただし、こうした対応は中小企業などの人的に余裕のない企
業では難しいのが現実である。

　具体的な就業上の配慮としては、「フルタイム勤務が難しい場合は、期
間限定の時短勤務を検討」「追加の休憩時間の設定」「休憩室等の整備」
「産業医による定期的なフォロー」が考えられる。

　基本的に復職日から2年間はあまり無理をさせないほうがよいが、「復
職日から1年間が、復職直後の社員の一番つらい時期」であることを認
識しておくべきである。復職後1〜2年間は、本人の治療状況や体調、
産業医などの意見を参考にして、少しずつ仕事の負荷を上げていくのが
「理想の復職」である。復職後2年間の「山」を乗り越えられれば、復職
した社員が十分に活躍できることが期待される。

　どのような合理的な配慮を進めていくかは、疾患によって個人差が大き
いため、会社（総務人事労務担当者、現場の上司）、産業医などの産業保
健スタッフ、本人で情報共有を密にして調整を図っていくとよいだろう。

3 両立支援には上司の対応が重要

　管理職の仕事は、「ひと」と「しごと」のマネジメントである。仕事の結果であるアウトプットを最大化、生産性の向上は言うまでもないが、管理職の仕事の半分は「ひと」のマネジメントである。部下を「変わりはいくらでもいる」と捉えて、ひたすら過重労働させ、部下の心と体の健康を度外視して業績を上げようとする管理職は、どの職場にも存在するが、これからの時代はそのような管理職の存在は組織にとってデメリットのほうが大きい。なぜなら、「ひと」のマネジメントの軽視によって、優秀な人材の流出と安全配慮義務違反を問われるリスク、場合によって訴訟を招く可能性が高いからだ。現状、収益を上げること以上に、コンプライアンスの遵守に対する社会の目は厳しい。部や課の収益や上役の顔色を気にするだけで、部下の健康状態に配慮がない管理職の下では、治療と就労の両立支援は難しい。会社全体として、「ひと」を大切にする風土づくり、部下の健康状態に配慮がない管理職に対する指導の徹底が何よりも重要である。

4 管理職は事例性をベースに対応する

　復職した社員の直属の上司である管理職は、以下の二つのことが重要となる [図表1－29]。
①普段から、社員の健康状態を気にかけ、配慮しておく
②服務管理を適切に行い、事例性をベースに対応していく
　復職した社員に対して気づいた、気になる具体的事実を逐一、手帳などに記録し、その具体的事実を「業務遂行の支障となる事例」と「病気の症状（可能性を含む)」に区別して整理するとよい。具体的事実に気づくためには、普段から社員の勤務の様子や健康状態を気にかけ、配慮しておくスタンスが重要である。

図表1−29　**管理職の仕事：「ひと」のマネジメント**
　　　　　　（個別対応・上司面談時のポイント）

- 普段から、社員の健康状態を気にかけ、配慮しておく
- 服務管理を適切に行い、事例性をベースに対応していく
- 気になる具体的事実を整理してメモ（記録）しておく
  →普段から社員の様子を把握していないと、「いつもとのずれに
  　気づきにくい」
- →この具体的事実を「事例性」「疾病性」に分けて、整理する
- 定期的な上司面談を実施する
- 対応が難しい場合は、1人で抱え込まずに、総務人事労務担当者、
  上司、産業医に相談する
- 家族と連携することもある

　管理職は、定期的に（月1回）上司面談を実施するようにしたほうが
望ましい。復職した社員に対して、無理強いさせることなく、和やかな
雰囲気の中で、本人が言える範囲内で、現在の勤務状況で感じているこ
と、つらいこと、治療の見通しなどを聞き取って、より良い方向を考え
ていく。家族との連携が必要な場合もある。

5　「事例性」と「疾病性」の考え方

　就労支援における最重要キーワードは、「事例性」と「疾病性」であ
る。

（1）事例性

　「事例性」とは、業務を遂行する上で支障となる客観的な事実であり、
管理職が部下に仕事を与えて服務管理している中で生じる「皆が行って
いることができない・していない」ような事象のことを指す**[図表1−30]**。
　例えば、「トイレに行くために1日10回以上離席する」「毎月3日以上
の突発休がある」（1年間に新規に付与される年次有給休暇を20日とする
と、20日÷12カ月＝1.67日／月。つまり、毎月1〜2日の休暇取得であ

図表 1 −30　事例性

事例性：業務を遂行する上で支障となる客観的な事実
　　　　（仕事や職場に影響しているか）
　→事例性があると、総務人事労務担当者が関わる可能性が高い

具体例
　頻回にトイレに行くために離席する
　毎月、3 日以上の突発休を認める
　遅刻、早退、欠勤（突発休）の増加
　会社の服務規程を守らない
　上司の指示を守らない
　暴力行為、就業時にアルコール臭
　仕事の能率の低下、ミスの増加、仕事のいい加減な出来栄え
　周囲とのトラブルが多い、周囲との折り合いが悪くなった
　落ち着きがなくなった（離席が多い）
　服装や身だしなみの乱れ

れば、年休がゼロにならないよう調整できるが、毎月 3 日以上休んだと
きは、年休がゼロになる危険性が高くなる）、「今月は、週 2 〜 3 日、午
後になると勤務時間中に医務室で休んで、早退することもある」などが
事例性を表す事象である。

　「事例性」がある社員を放置していると、いわゆる「職場の空気」を乱
し、周りの社員の生産性を低下させ、取引先に影響を与えてしまう可能
性がある。直属の上司等は、「事例性」を認める社員との面談や人事労務
対応で「事例性」をなくすよう努めることが望ましい。つまり、職場と
いうのは「事例性」に基づいて服務管理される場であり、「事例性の言
葉」でコミュニケーションされているのである。

（2）疾病性

　「疾病性」とは、症状や病名など医学に関することである[図表 1 −31]。
例えば、「息切れがひどい」「下痢がひどい」「眠れない日々が続いてい
る」「意欲の低下」「顔色がとても悪い」など、病気がありそうと思われ

る症状を指す。症状には、本人以外の人間が気づく「目に見える症状（visible symptoms）」と「目に見えない症状（invisible symptoms）」がある **[図表1−32]**。「目に見える症状」で代表的な症状は、下痢、便秘、嘔吐、むくみ、食欲低下、頻尿などがあり、客観的な事象として本人の体調が悪いかどうかに気づきやすい。例えば、「あの社員は、よくトイレに行くなあ」「お昼ご飯、このうどんの半分しか食べられないの？」な

図表1−31 **疾病性**

```
疾病性
  →病状や病名に関すること
    「病気がありそう」「病気っぽい」…病気の種類、程度

医療職が判断
  →医療職（産業医、主治医等）に相談
    「医療職にボールを投げる」
具体例：
  息切れがひどい
  下痢がひどい
  眠れない日々が続いている
  意欲の低下
  顔色がとても悪い
```

図表1−32 **「疾病性」を見つけるための定期的な面談と医療職に「ボールを投げる（意見を聴く）」**

	目に見える症状 (visible symptoms)	目に見えない症状 (invisible symptoms)
症状	下痢、便秘 嘔吐、むくみ 食欲低下、頻尿	①体力低下・身体のだるさ ②頭痛・腰痛など ③睡眠障害・メンタルヘルス不調等
「疾病性」を見つけるための実務対応	日ごろの服務管理 ＋定期的な上司面談 →「疾病性」がありそうなら、医療職に「ボールを投げる」	利害関係のある職場の人間が気づきにくく、上司面談でも聞き取りにくい →定期的な産業医面談を設定し、産業医からフィードバックさせ、必要に応じて主治医と連携

ど、職場でともに行動していると気づくことが少なくない。「目に見えない症状」で代表的な三つの症状は、「体力低下・身体のだるさ」「頭痛や腰痛など」「睡眠障害・メンタルヘルス不調」である。体力や痛み、メンタルヘルス不調は本人が自ら申告しないと、他人からは気づきにくい。「目に見えない症状」に悩んでいる患者の家族でさえも気づかないことも少なくない。

「退院したのに、どうして、毎日昼寝をしているんだろう」とか、本人は痛みに耐えて何とか頑張っているのに、それに気づかないなどである。治療と就労の両立支援において、「目に見える症状」だけでなく、「目に見えない症状」をフォローアップすることが重要である。特に、体力低下が就労の最大の阻害要因であることは先に述べたとおりである[図表 1 −33]。

問題は「目に見えない症状」である。これらの症状は、通常の服務管理や上司面談でも把握しづらい。なぜなら、復職した社員は、利害関係を考え、「体力がない」「痛みがつらい」「うつ的な気分がある」ことを面談等で伝えるのをためらうことが少なくないからである。よって、普段から、管理職と部下との信頼関係を築いた上で本人が自己申告するか、産業医等との面談にて、「目に見えない症状」を把握するしかない。

図表 1 −33　有病労働者における「事例性」と「疾病性」

	疾病性あり 体力低下・食欲不振・下痢等 睡眠障害・メンタルヘルス不調	疾病性なし
事例性あり 突発休・遅刻・ 早退 離席が多い	• (直属の上司は) 本人と面談 　時短勤務などの軽減勤務の検討 　座り作業・「サブ」的な業務への配置転換の検討 • 医療職へ「ボール」を投げる 　(産業医面談の必要性あり)	(直属の上司は) • 本人と面談 　(疾病性が隠れている可能性あり)
事例性なし	• 医療職へ「ボール」を投げる 　(産業医面談の必要性あり)	通常の服務管理

会社として、事例性をベースに服務管理・配慮等の対応を行い、疾病性に関しては、主治医や産業医等に意見を求め、医療職から意見書等で意見を収集した後に対応を検討する **[図表１－34]**。「事例性あり」の場合は、直属の上司である管理職は、本人との面談、総務人事労務担当者との連携が必要となる場合が多い。一方、「疾病性あり」の場合は、自分たちでいろいろ調べて（例えば、「乳がん」「新型うつ」をネット検索など）解決しようと、あれこれ悩まずに、主治医や産業医などの医療職に"ボール"を投げる（意見を聴く）とよい。「部下がうつ病になった」「統合失調症で療養している」「乳がんの診断書が出てきた」などの場合、Googleで検索するくらいはするだろうが、基本的には、医療職からの助言をベースに対応すればよいのである。

　産業医の勤務日に産業医面談を受けさせて産業医の意見を聴くか、そのまま主治医の診察を受けさせて主治医の意見を聴けばよい。本人の同意が得られれば、主治医の診察に同行して、具体的な配慮について直接、主治医から就労上の意見を聴くこともある。

図表１－34　**復職判定における事例性と疾病性のまとめ**

「事例性」（仕事や職場に影響しているか）
　　業務を遂行する上で支障となる客観的事実
具体例：「１日10回ほど、トイレで離席する」「毎月、３日以上の突発休を取る」
　　　　「よくミスをする」

会社としての対応の目的：**「事例性をなくすこと」**
　病気が治ることがベストだが…病気があっても、配置転換等の配慮により、仕事や職場への影響がない状態に戻すことができる（←事例性をなくすことができる）

「疾病性」（症状や病名に関すること）
　　「病気がありそう」「病気っぽい」…
具体例：「下痢」「便秘」「食欲がない」「眠れない」「最近、顔色が悪い」
　→医療職（主治医、産業医等）に相談（→「医療職にボールを投げる」）

●上司や総務人事労務担当者は、疾病性のことで「ボール」を持ったままにせず、医療職から意見を聴きながら、今後の対応を検討する

総務人事労務担当者・現場の管理職・医療職の三者の連携が重要

　治療と就労の両立支援においては、混乱を防ぐために「総務人事労務担当者」「現場の管理職」「主治医、産業医等の医療職」の三者の連携が重要である[**図表1－35**]。

　また、主治医と産業医・企業との連携がスムーズに進められるように産業医面談問診票や照会状等の書式を整備しておく。つまり、社内で統一した書式をあらかじめ準備しておくとよい。産業医から主治医への照会状は、産業保健の現場でよく使用されるものであり、所定の書式を用意しておくとよい。筆者も、所定の書式がない会社で、急遽、総務人事労務担当者にお願いをして、便箋で主治医に照会状で問い合わせることがあるが、できれば、会社の名前が記載された照会状の様式があることが望ましい。

図表1－35　**総務人事労務担当者・現場の管理職・医療職との連携**

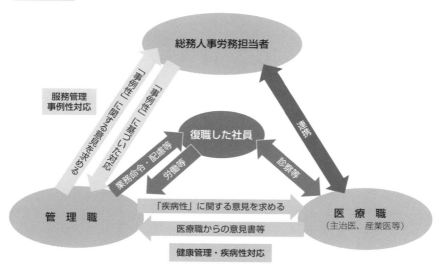

7 「治療と就労の両立支援」の肝、それは「疾病性の言葉」を「事例性の言葉」に翻訳することにある

　医療機関で主治医・看護師などの医療職は、患者一人ひとりと「疾病性の言葉」でコミュニケーションしている。下痢、便秘、身体のだるさ、食欲低下などの症状は、基本的に「疾病性の言葉」である。この「疾病性の言葉」を職場で話されても、企業の人間は理解できない**[図表１−36]**。

　医療機関の「言葉」は「疾病性」、企業等の「言葉」は「事例性」を主として使っている。この「言葉」の使い方の違いが、治療と就労の両立支援を難しくさせている。例えば、「病名：大腸がん。下痢、倦怠感等を認めるが、一定の配慮の下、就労可能である」と診断書に記載されていた場合、企業側は何を配慮すべきか困惑する場合が少なくない。そこで、

図表１−36　産業医は疾病性を事例性に翻訳することが重要

医療機関から「疾病性」の意見書などを出されても、
職場で何をしたらよいのかイメージできない
←産業医、主治医等の医療職は、「疾病性の言葉」ではなく、「事例性の言葉」で話そう

医療機関　　　　　　　　　　　　　　　　　　　**企業等**

「疾病性」の診断書・意見書等
「疾病性」の言葉の例：下痢、倦怠感等を認めるが、一定の配慮の下、就労可能である

職場の言葉は「事例性」

総務人事労務担当者：
「会社で、何をしたらよいのかよく分からない」
「どんな仕事をさせればよいのかよく分からない」

医療機関の
言葉は
「疾病性」

主治医
看護師
就労コーディ
ネーター

「翻訳」

産業医

産業医：「疾病性」→「事例性」に翻訳
１日５〜10回トイレのために離席の可能性あり。座り仕事、事務作業等であれば、就労可能。復職後しばらく、立ち仕事は難しい。通勤ラッシュや長時間のマイカー通勤は難しい。誰かのサブであれば営業支援の業務は可能であるが、すぐにトイレに行ける環境が望ましい など

産業保健スタッフや両立支援コーディネーターが、「1日5〜10回ほど、トイレのために離席の可能性あり。座り作業や「サブ」的な業務であれば就労は可能」などのように、具体的に事例性へ「翻訳」することが望ましい。この「翻訳」能力こそ就労支援を行う者が備えておくべき必須能力である（筆者らは、「就労に関する意見書作成支援ソフト」を開発し、特許申請中である）。また、医療機関からの診断書や意見書、両立支援コーディネーターが就労支援を施そうとしても、就労支援の現場は「職場」である。「短時間勤務が望ましい」「高所作業は控えたほうがよい」と医療機関から意見書が出されたり、両立支援コーディネーターが利害関係を調整しようとすることで、当該がん罹患社員が不利益を被る可能性があることを忘れてはならない。あくまで、職場内で、職場のスタッフが利害関係を調整しなければならないのである。そうなると、利害関係を調整するのに適切なのは、社内の衛生管理者、産業医・産業看護職、社会保険労務士であろう。これらの専門家が、医療機関から提出された意見書などの内容を勘案して、職場内での利害関係の調整を図ることが望ましい。今後、がん罹患社員への実務対応を行う上で、筆者らが示したデータを基にした「十分な療養期間の設定」「（復職後の）期間限定的短時間勤務制度（特に、復職後1年間）」の制度とそれに伴う風土づくりのみならず、「事例性／疾病性に関する対応法（特に、疾病性から事例性への翻訳）」「利害関係の調整」が重要であることは言うまでもない。

8 有病労働者の周囲の人への対応

　職場として、有病労働者が復職するとなった場合、どう対応すればよいか。例えば、年次有給休暇を使って胃がんを「胃カメラ」で切除した場合などであれば、職場の人は気づかない場合もあるが、メンタルヘルス不調で数カ月療養している社員の場合、職場の人は「何となく」その情報を知っていることが少なくない。療養中の社員の病気に関する健康

情報の管理を徹底しながら、事例性の事象の発生状況と利害関係の空気を見ながら、実務対応していくことになる **[図表1－37]**。

　前記**3** **4**でも記したように、療養中の社員以外のスタッフには産業医などから聴取した意見等をベースに「事例性」の事項のみ周知することが望ましい。つまり、病名をはじめ治療の経過など「疾病性」に関する細かい内容を話す必要はない。むしろ、知り得た健康情報は、守秘義務があると考えて、「事例性」の事項のみ、他のスタッフに伝えるにとどめることが両立支援における職場でのトラブルを防ぐポイントである。例えば、管理職として「○○さんは、体調不調で療養されていましたが、職場復帰することになりました。まだまだ体調が完全に回復したわけではありませんが、皆さんのご配慮をよろしくお願いします」など、「オブラート」に包んで伝えるとよい。療養中の社員以外のスタッフから、職場や、会社外の居酒屋などで、「病気のことを教えてください」などと言われることがあっても、社外の人間も含めて、その診断名や治療内容や症状などの健康情報、つまり、「疾病性」に関する事項を絶対に漏らさないよう細心の注意が必要である。本人がカミングアウトした場合であっても、不必要に情報開示してはならない。

　この健康情報の管理について、現在、多くの会社で徹底されていないのは由々しきことである **[図表1－38]**。

図表1－37 **有病労働者の周囲の人への対応**

①（産業医等から聞いた）「事例性」の事項を、スタッフに伝える
②病名（その他、細かいこと）をべらべら話す必要はない
　例：管理職「体調不良で療養されていましたが、職場復帰すること
　　　になりました。まだまだ体調が完全ではありませんが、皆さん
　　　のご配慮を、よろしくお願いします」
③治療の継続などにより、「事例性」の事象が出そうなときは、本人
　と面談の上、本人の同意が得られた範囲の情報のみ、他のスタッフ
　に伝える
④本人がカミングアウトした場合は、その限りではない

図表 1 −38　復職後における「治療と就労の両立支援」のポイント

①「疾病性の言葉」から「事例性の言葉」に「翻訳」できる産業医
②「事例性」と「疾病性」を理解した上での実務対応
③利害関係の調整（職場全体を考えて）
④定期的な上司面談と産業医面談の活用
⑤健康情報の慎重な取り扱い

これからの治療と就労の両立支援の在り方と働き続けるための留意点

1　治療と就労の両立支援キャラクターの提案

　日本は「正社員は解雇しづらく配慮事項が多いが、非正規社員は解雇が容易である」というように、欧米の先進国に比べて、ある意味、格差が大きく、企業の制度に依存した病休制度が基本となっている。そのため、国が主体的に、治療と就労の両立支援に関する具体的な法整備を進めることは、この先も難しいのではないかと思われる。

　そこで筆者は、妊娠・育児に配慮が行き届いた企業に与えられる「くるみんマークの『両立支援版』」である「（仮称）りょうみんマーク」を作ってはどうかと、いつも社会に向けて提案している。「くるみんマーク」は、子育てサポート企業として、厚生労働大臣の認定を受けた証しであり、次世代育成支援対策推進法に基づき一般事業主行動計画を策定した企業のうち、計画に定めた目標を達成し、一定の基準を満たした企業が申請を行うことにより認定されるものである。2018年12月末時点で3037社が認定を受けている。2015年 4 月 1 日からは、さらなる高い水準の取り組みを行っている企業について「プラチナくるみん認定」が開始されており、2018年12月末で260社が認定を受けている。最近、就職活動中の女子学生を中心に、くるみんマークの付いた企業に注目が集まるなど、人材難が加速しつつある企業にとっては、魅力的な認定制度になりつつあ

る。「くるみんマーク」は、「妊娠・出産・育児をしていても、両立しやすい企業の証し」であることが、徐々に浸透しつつある。筆者は、がんなどの疾病に関してもこれと同じような認定制度を作り、企業のコンプライアンスを重視している証しとなるようにするべきだと主張している。

　がん対策基本法に基づき、一般事業主行動計画を策定して、計画に定めた目標を達成した一定基準を満たす企業が申請して、認定を受ける制度である。名称は、筆者なら、仮に「りょうみんマーク」がよいのではと言っているが、親しみやすい名称であればよいと思う。「（仮称）りょうみんマーク」が付いている企業は、「がんや脳卒中になっても、それなりに安心して、治療と就労を両立しやすい企業」であることを意味する。人生100年時代といわれる日本において、病気を抱えながらも働くことが、さらに重要になっていくことは必至であるからである。これからの時代、定年は68歳、70歳と、徐々に上がっていくことが予想され、学生や中途採用を希望する方々も、この「（仮称）りょうみんマーク」がある企業で働きたいと考えるようになるだろう。現在の「働き方改革」「健康経営」の流れにも、重なる部分は多分にあり、このような認定制度を国が積極的に取り入れてくれることを切に願っている。

② 生涯現役であるためのメンタルヘルス維持とがん予防

　仕事を休まず、定年まで働き続けていくために、どのような病気の予防に気をつけなければならないのだろうか。

　筆者が行った「大企業病休実態調査」によると、医師からの診断書で病休を取得した原因疾患の第１位は「うつ病、適応障害等のメンタルヘルス不調」、第２位が「がん」、第３位が「脳卒中」、第４位が「心筋梗塞」、第５位がほぼ同率で「腰痛」と「外傷」であった **[図表１−39]**。つまり、仕事を休まず、定年まで働き続けるために注意すべきなのは、メンタルヘルス維持とがん予防である。働けなくなるリスクが高い疾患

は、①メンタルヘルス不調、②がん、③脳卒中である。最近、生命保険会社が「働けなくなるリスクに備えた保険」を次々と販売しているが、筆者のデータ上、最も欲しい保険は「うつ保険」である。メンタルヘルス不調になっても給与保障される保険こそ、働く人間にとって最も重要であるが、「うつ保険」は一般的ではない。うつ病は、現在、精神科医が診断するものであり、客観的に診断することが難しいということがその背景にあるのかもしれない。三大疾病で働けなくなるリスクに備えた保険では、「がん保険」が最も重要である。後述するが、がんの罹患率は、20〜40代は女性（乳がん、子宮頸がんなど）が男性より高く、50代からは男性が大きく上昇する。つまり、夫婦ががん保険に加入する場合、40代までは男性だけでなく女性も加入すべきであり、50代以降では特に男性の「がん保険」は重要である。

　前記「大企業病休実態調査」によると、仕事を休まざるを得なくなる平均年齢はメンタルヘルス不調で41.4歳、がんで51.7歳、脳卒中で52.0歳

図表 1 −39　新規病休者数の疾患種別（上位三つ）

社員が、仕事を休まず、定年まで働いていくには、
メンタルヘルス維持とがん予防が重要となる

第1位　メンタルヘルス不調（約2人に1人が勤労世代）
210人の組織：毎年1人、メンタルヘルス不調による病休

第2位　がん 1278人（約3人に1人が勤労世代）
660人の組織：毎年1人、がんによる病休
66人の組織：10年に1人、がんによる病休

中小企業ほど、疾病休業、復職
社員の経験が少ないと推定される

第3位　脳卒中 382人
約2000人の組織：毎年1人、脳卒中による病休

資料出所：「大企業病休実態調査」（順天堂大学 遠藤源樹）

となっている。つまり、20〜40代はメンタルヘルス維持を注意しながら仕事をし、40代以降はがんや脳卒中にならないよう、生活習慣の改善に努めていくことが重要である。また、メンタルヘルス不調による休職者の割合は、210人の組織で毎年1人である。つまり、210人の職場では毎年1人がメンタルヘルス不調で療養することになっても平均的といえ、メンタルヘルス不調になる労働者は少なくない。この「210人に1人」には、うつ状態になって会社を退職した者は含まれないため、実際のメンタルヘルス不調者は50人の職場に毎年1人かもしれない。

　がん・脳卒中・心筋梗塞の三大疾病の中で、働けなくなるリスクが最も高いのが「がん」である。社員ががんで仕事を休まざるを得なくなる確率（新規病休発生率）は1000人の会社で毎年約1.5人。つまり、666人の会社であれば毎年1人、66人の会社であれば10年に1人の社員ががん治療で療養するという割合である。おのずと企業規模が小さい中小企業ほど、がんに罹患する社員に対応した経験が少ないことが推定される。

　公衆衛生学の基本概念に「1次予防」「2次予防」「3次予防」がある**[図表1−40]**。

　「1次予防」は、病気にならないようにすることが主目的であり、アウトカム（目標・成果）は罹患率の低下である。メンタルヘルス不調者を減らす、がんになる人を減らすということである。具体的な施策としては、健康教育（職場でメンタルヘルス研修、がん教育などをすること）や保健指導（健康診断等で異常値の社員に対する食事指導や運動等に関して助言すること）、予防接種（子宮頸がんワクチンや肝炎ワクチンの接種など）やピロリ菌除去などがある。

　「2次予防」は、病気をできるだけ早く見つけることが主目的であり、アウトカムは死亡率の低下と生存期間の延長、つまり早期発見・早期治療によって重症化を防ぐことにある。具体的には、健康診断や人間ドック等である。重症高血圧の社員に受診勧奨して医療機関を受診させ、降圧薬を内服して脳卒中や心筋梗塞を予防したり、便潜血検査（基本的に

図表 1 −40　**1 〜 3 次予防の目的と予防方法**

	目　　　　的	予　防　方　法
1 次予防	**罹患率の低下** （健康増進と疾病・事故予防） **病気にならないようにする**	健康教育（ヘルスプロモーション） 保健指導（食事、運動） 予防接種 ピロリ菌除去
2 次予防	**死亡率の低下** **生存期間の延長** （早期発見・早期治療による健康障害の 進展防止） **病気をできるだけ早く見つける**	健康診断等のスクリーニング
3 次予防	**再発・後遺症予防** （適切な治療と管理指導で、機能障害や 能力低下を防止し、再発を防ぐ） **病気を再発させないようにする**	リハビリテーション 復職支援

進行がんを発見するための検査であるが、大腸がんを早期に発見する可能性も少なくなく、がん検診の中で最も費用対効果が高い。がん検診を導入したい企業はまず、便潜血検査を導入することを筆者はお勧めしたい）や下部消化管内視鏡検査（いわゆる、大腸カメラ）によって大腸がんの早期発見をするなどである。ちなみに、ストレスチェックは 2 次予防が主目的と誤解している方もいるが、1 次予防、つまり、自分自身がストレスで心身に不調を来さないようにするセルフチェックのために実施されている。

「3 次予防」は、病気を再発させないようにしながら、復職することが主目的であり、アウトカムは再発・後遺症の予防、復職・再病休の予防である。適切な治療と管理指導で、機能障害や能力低下を防止し、再発等を防ぐ。病気の治療やリハビリテーション、復職支援などが含まれる（本書は、3 次予防を専門に取り扱う）。

第 2 章からは、疾病別に見た 3 次予防の復職支援について詳細に解説していく。

第2章

メンタルヘルス不調社員の
実務対応

ロンドン上空の雲をぬけて大空へ

1 職場のメンタルヘルスの現状

1 メンタルヘルス不調は産業保健の重要な課題

　先進国では、メンタルヘルス不調は公衆衛生上の重要な課題であることが指摘されている。世界保健機関（WHO）の報告によると、メンタルヘルス不調は2020年に、生涯発症率が約15％、年間罹患率が約6％になると予想されている。労働者がメンタルヘルス不調になった場合、生産性の低下、病気休業の発生、他の人員の確保による労働コストの上昇、長期間の休業による医療費の増大など企業活動全体に多大な影響を及ぼす。特に2000年以降、うつ病などのメンタルヘルス不調による休業の件数、労働災害の認定件数などが急増しており、企業規模や業種を問わず、産業保健の重要な課題の一つとして認識されている。

　一方、Mullerなどの精神医学の先行研究によると、うつ病をはじめとしたメンタルヘルス不調は再発率が高い疾患であるといわれている。労働者がある時、初めて、メンタルヘルス不調のために療養せざるを得なくなった場合、治療の効果などで職場復帰を果たした後も、メンタルヘルス不調が再発して、職務を継続できなくなり、その結果、再病休（休業）する事例が多い。オランダなどの先行研究によると、「復職可能」と判定された労働者の約半数が再病休していたとの研究もある。

　わが国でも、2004年10月に厚生労働省から事業者向けマニュアル「心の健康問題により休業した労働者の職場復帰支援の手引き」が出された（最終改訂：2012年7月）。また、企業に向けて、職場のメンタルヘルスの3次予防（職場復帰・再発防止）の指針となる「労働者の心の健康の保持増進のための指針」（平18. 3.31　公示3、最終改正：平27.11.30　公示6）が2006年に出されるなど、メンタルヘルス不調社員の復職支援に関心が向けられている。

2 メンタルヘルス不調社員の増加

　日本におけるうつ病をはじめとするメンタルヘルス不調などの精神疾患の患者数は、右肩上がりで上昇している **[図表2－1]**。入院患者数に大きな変化はないが、うつ病をはじめとする気分［感情］障害の外来患者が急増していることが知られている。

　1999年と比較すると、2017年の精神疾患の患者数は2.1倍と増加傾向にある。厚生労働省の患者調査 **[図表2－2]** を見ると、精神疾患の外来患者数が急増しているが、その内訳として、うつ病などの気分障害とアルツハイマー病の増加が背景にある。うつ病などのメンタルヘルス不調は就労世代が好発年齢であり、最近では50代後半の社員の中で認知機能低下を指摘される社員が発生するケースも増え、筆者も職場から相談されることが少なくない。

図表2－1　精神疾患の患者数

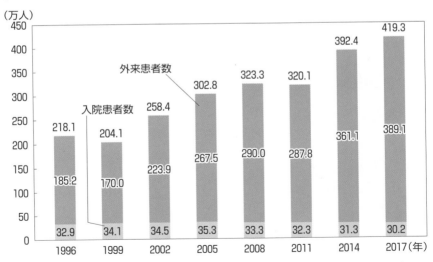

資料出所：厚生労働省「患者調査」（厚生労働省障害保健福祉部で作成、［図表2－2］も同じ）
[注]　2011年の調査では宮城県の一部と福島県を除いている。

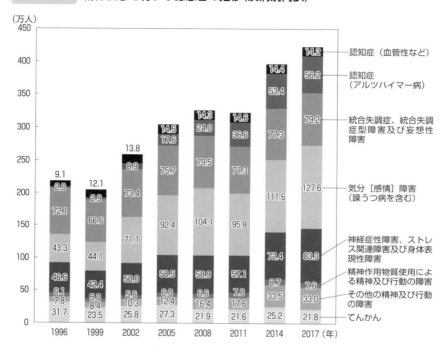

図表 2 - 2　精神疾患を有する総患者の推移（疾病別内訳）

凡例（右側）：
- 認知症（血管性など）
- 認知症（アルツハイマー病）
- 統合失調症、統合失調症型障害及び妄想性障害
- 気分［感情］障害（躁うつ病を含む）
- 神経症性障害、ストレス関連障害及び身体表現性障害
- 精神作用物質使用による精神及び行動の障害
- その他の精神及び行動の障害
- てんかん

3　各種統計に見る就労者における精神障害、メンタルヘルス不調の実態

　[図表 2 - 3] は精神障害の労働災害認定の動向である。精神障害の労災請求件数は依然として増加傾向にある。精神障害・自殺による労災認定の出来事の類型割合を見てみると、仕事の質・量が最も高い。また、昨今、社会問題となっている、パワーハラスメント（パワハラ）をはじめとした職場内でのいじめなどによる精神障害・自殺の原因として少なくないことが分かる。

　労働政策研究・研修機構の調査によると、メンタルヘルスに問題を抱えている労働者がいる企業の割合を規模別に見ると、30人未満で52.3%

図表 2 - 3　精神障害の労働災害の請求および認定の推移

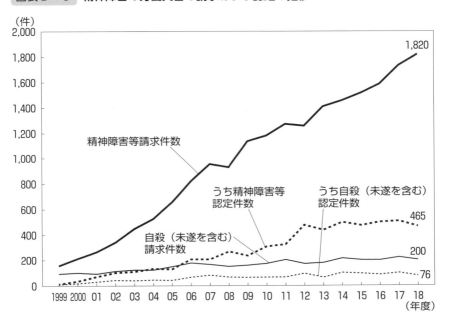

2018年度の精神障害認定件数465例の出来事の類型割合

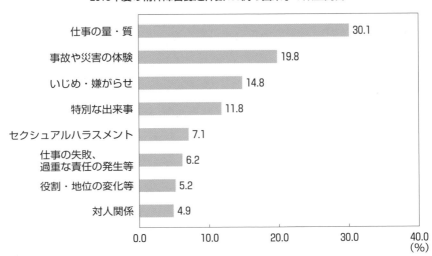

資料出所：厚生労働省「過労死等の労災補償状況」

で、1000人以上では72.6％に上り、大企業ほどメンタルヘルス不調社員を抱えている場合は多い［図表2－4］。

　また、同調査で、メンタルヘルス不調者が現れる原因を企業に聞いたところ（複数回答）、最も多い回答が「本人の性格の問題」（67.7％）であり、以下「職場の人間関係」（58.4％）、「仕事量・負荷の増加」（38.2％）、「仕事の責任の増大」（31.7％）、「家庭の問題」「上司・部下のコミュニケーション不足」（ともに29.1％）と続いた［図表2－5］。メンタルヘルス不調を来すのは、本人の性格からだと考える企業が依然として多いことが推定される。

　また、休職者が職場復帰する際に問題になったこととの設問（複数回答）については、「どの程度仕事ができるかわからなかった」（59.9％）、「本人の状態について、正確な医学的情報が得られなかった」（33.7％）、「本人に合う適当な業務がなかった」（21.1％）という回答であった［図表2－6］。メンタルヘルス不調社員が復職する際に、どのような就業上の措置（短時間勤務、軽微な作業への変更など）を行うべきか迷う事例が少なくないと考えられる。

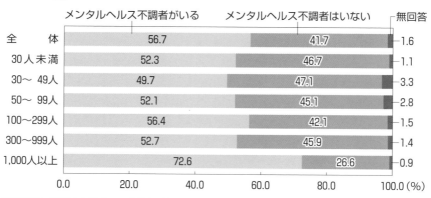

図表2－4　メンタルヘルスに問題を抱えている労働者（正社員、企業規模別）

	メンタルヘルス不調者がいる	メンタルヘルス不調者はいない	無回答
全体	56.7	41.7	1.6
30人未満	52.3	46.7	1.1
30～49人	49.7	47.1	3.3
50～99人	52.1	45.1	2.8
100～299人	56.4	42.1	1.5
300～999人	52.7	45.9	1.4
1,000人以上	72.6	26.6	0.9

資料出所：労働政策研究・研修機構「職場におけるメンタルヘルス対策に関する調査」（2012年、
　　　　　［図表2－5、2－6］も同じ）

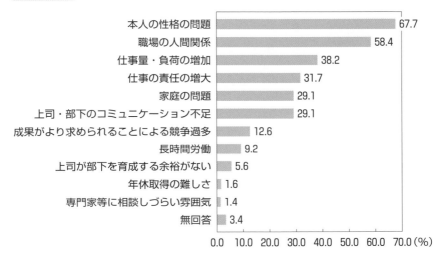

図表2－5 メンタルヘルス不調者が現れる原因（複数回答）

項目	%
本人の性格の問題	67.7
職場の人間関係	58.4
仕事量・負荷の増加	38.2
仕事の責任の増大	31.7
家庭の問題	29.1
上司・部下のコミュニケーション不足	29.1
成果がより求められることによる競争過多	12.6
長時間労働	9.2
上司が部下を育成する余裕がない	5.6
年休取得の難しさ	1.6
専門家等に相談しづらい雰囲気	1.4
無回答	3.4

［注］ 選択肢は3位まで3つ選択する複数回答。

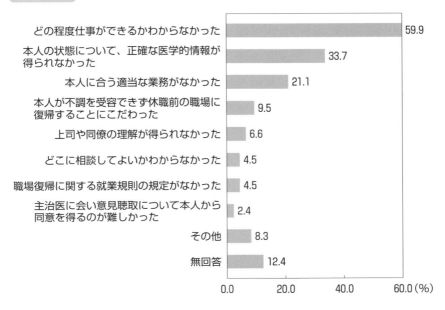

図表2－6 休職者が職場復帰する際、問題となったこと（複数回答）

項目	%
どの程度仕事ができるかわからなかった	59.9
本人の状態について、正確な医学的情報が得られなかった	33.7
本人に合う適当な業務がなかった	21.1
本人が不調を受容できず休職前の職場に復帰することにこだわった	9.5
上司や同僚の理解が得られなかった	6.6
どこに相談してよいかわからなかった	4.5
職場復帰に関する就業規則の規定がなかった	4.5
主治医に会い意見聴取について本人から同意を得るのが難しかった	2.4
その他	8.3
無回答	12.4

2 職場におけるメンタルヘルス不調への対策

1 安全配慮義務

(1)メンタルヘルス不調に関する裁判例

　職場のメンタルヘルス対策を考える上で、最重要キーワードの一つが「安全配慮義務」である **[図表2－7]**。安全配慮義務は、労働契約法、労働安全衛生法、過去の判例などで言及されているもので、「労働者の生命および健康などを危険から保護するように配慮すべき義務」のことである。特に、過労自殺に対して安全配慮義務違反による損害賠償責任を初めて認めたのが電通事件（最高裁二小　平12. 3.24判決）である。入社後1年5カ月の社員が過重労働の末、自殺したのは、会社に安全配慮義務上、重大な責任があることを認められ、損害賠償額は1億6800円であった。その中で、「使用者に代わって労働者に対し業務上の指揮監督を行う権限を有する者（筆者注：管理職）は［中略］その権限（筆者注：安全配慮義務に関する業務）を行使すべきである」とされ、自殺した社員の上司は、部下が恒常的に著しく長時間にわたり業務に従事していることや健康状態が悪化していることを認識しながら、その負担を軽減するための措置を採らなかったことについて過失があると判断された。

　この「電通事件」の判決以降、企業のメンタルヘルス対策は、大企業

図表2－7　安全配慮義務

「労働者の生命および健康などを
危険から保護するように配慮すべき義務」

⬆

・労働契約法
・労働安全衛生法
・過去の判例等　　……で言及

を中心に経営・総務人事労務における最重要課題の一つに位置づけられ、管理職や一般社員に対するメンタルヘルス研修が実施されるようになった。その後も、安全配慮義務違反に関する訴訟が頻発し、オタフクソースほか事件（広島地裁　平12. 5.18判決）、川崎製鉄［水島製鉄所］事件（岡山地裁倉敷支部　平10. 2.23判決）、アテスト［ニコン熊谷製作所］事件（東京高裁　平21. 7.28判決）など、高額な損害賠償額が認められる裁判が頻発した。これらの裁判では、企業は正社員だけでなく、パート・派遣社員などに対しても安全配慮義務を負うと指摘された。

　安全配慮義務違反に問われやすい代表的なものとして **［図表2－8］** が挙げられる。安全配慮義務違反に問われやすい一つ目がメンタルヘルス不調。それはメンタルヘルス不調に至る過程において、パワハラやセクシュアルハラスメント（セクハラ）、マタニティハラスメント（マタハラ）などの事象が背景にあることが少なくないからといえる。二つ目が、過労死、特に脳・心臓疾患の発症による突然死や永久的労働不能状態である。企業にとって過重労働対策を適切に行い、過重労働による過労死を防ぐことは、安全配慮義務の履行上、極めて重要である。また、三つ目として、塩化炭素系の有機溶剤の高濃度曝露による胆管がんの発生など、作業環境等に伴う発がん事例も安全配慮義務違反が問われる事案である。

（2）予見可能性とは

　企業にとって安全配慮義務に関する訴訟予防の重要性が増している現代において、企業内で対応の基本となるのが適切な労務管理である。「過重な業務負荷はなかったか」「長時間の時間外労働を放置していなかった

図表2－8　**安全配慮義務違反に問われやすい疾患**

①メンタルヘルス不調 ⬅	パワハラ、セクハラ、マタハラ
②過労死（脳・心臓疾患） ⬅	過重労働
③職業性疾患（胆管がん　など） ⬅	有機溶剤の高濃度曝露

か」「部下の体調不良を把握していたか」などの観点から常に留意した上で、企業、つまり、管理職が適切な対応をとっていたかが重要となる。特に、予見可能性の有無が重要である **[図表 2 － 9]**。予見可能性とは「不良な健康状態や異常な言動を認知する中で、その後、健康障害が予見できたかということ」であり、前掲の電通事件では、予見可能性があったにもかかわらず、管理職が具体的な措置を採らなかったことが指摘された。メンタルヘルス不調による自殺や退職などを回避するために、企業や管理職が適切な対応をしておくことが重要であり、管理職の対応は、後に必ず「掘り返され」、裁判では必ず問われるものである。例えば、部下から「体調が悪い」「眠れないため、精神科に通院している」などと相談を受けていたにもかかわらず、その部下に対するパワハラや過重労働をさせていたとなれば、その管理職はおろか、その企業の社会的な信用を失うことにつながりかねない。SNSで個人がメディアとして発信できる現代にあって、パワハラを行う管理職の存在は、企業にとってコンプライアンス上、大きなリスクであり、いずれ、その企業内での離職率の高さ等の情報が漏れ、優秀な人材の流出につながる。

（3）メンタルヘルス不調に関する訴訟を回避する三つのポイント

　安全配慮義務違反が問われるメンタルヘルス不調に関する訴訟を回避するには、三つのポイントがある **[図表 2 －10]**。

　①部下の健康状態を把握し、適切な労務管理を行うことである。パワ

図表 2 － 9　予見可能性とは

結果を回避するために、どんな行動をしてきたか（裁判等で必ず掘り返される）

健康状態の不良や異常な言動を知りながら、具体的な措置を採らなかった［電通事件］

部下の体調が悪い←話を聞いた／通院を勧めた／休ませた
部下の残業が多い←残業時間を適正に抑えた／業務配分を見直した

ハラ、セクハラ、マタハラをはじめとした発言・行動は論外であり、仕事によって部下の健康状態が悪化することがないよう、管理職が責任を持って配慮することが求められる。

②過重労働を長期間放置せず、「真の働き方改革」を進めることである。労務管理上、労働生産性が高い、いわゆる"できる社員"に仕事が集中しがちであるが、過重労働を長期間放置することはあってはならない。政府の働き方改革の法制化で、違法な時間外労働をさせないばかりでなく、生産性の低い会議や仕事を減らし、業務の効率化を進めていくことが重要である。管理職が部下の作成した議事録の一言一句に「かみつき」数日かけて直させたり、会議や打ち合わせ前の資料とその後の報告書を何日もかけて作成させている「昭和型」の管理職が依然として少なくない。このような管理職が部下の時間外労働を大幅に増加させ、メンタルヘルス不調者や退職者を増やしている元凶であり、このような管理職が多い企業は、今の時代、ネットで売上至上主義の「ブラック企業」と噂になっている。午前9時に出社したら、遅くとも午後7時には帰宅できるように、「真の働き方改革」を進めていかなければならない。

③部下の健康状態が不良な状態であった（予見可能性があった）場合、

図表2-10　**訴訟を回避するために**

●以下の流れが生じていないか意識することが重要
①パワハラ（人格否定発言）、セクハラ、マタハラ
②過重労働を長期間にわたって放置
③予見可能性があったのに放置していた
　（部下の状態を把握していない、
　主治医に"ボールを投げていない"など）

メンタルヘルス不調を発症

休職、退職、自殺

民事訴訟（数年間にわたる）

その部下をできる限りサポートするなどの適切な労務管理を行い、必要に応じて精神科への受診勧奨等を行うことである。受診勧奨することで、主治医に"ボールを投げる"（医師の意見を聴きながら対応する）ことは最低限行ってほしい。不幸にして、メンタルヘルス不調を発症後、病休（休職）・退職・自殺という事態が発生した場合、本人はおろか、現在は、家族が黙っていない。訴訟となれば、数年以上、裁判に関わることになり、何より企業ブランドが大きく傷つく。

　総務人事労務担当者は、企業内にいる、いわゆる「24時間、働けますか？」型の管理職の存在を把握し、役員クラスからの指導や、場合によっては人事異動等の措置を行うべきであろう。

　外国人労働者が急増している現在、日本は「働いている人を大事にする国」に変わらないといけない。

2 自殺予防の観点

（1）自殺率をめぐる状況

　警察庁の自殺者の統計によると、1998年から自殺者数が３万人を超える状況であったが、国の自殺対策などの効果によって、現在では自殺者数は３万人を下回っている **[図表２−11]**。しかしながら、日本は先進国の中でも自殺が多い国である。日本の自殺死亡率は、アメリカ、イギリスの２倍以上であり、特に、50代、60代などの中高年の自殺が多く、男性が多いのが特徴である。都道府県ごとの自殺率を見ると地域差があり、秋田県、青森県、岩手県など東北地方の自殺率が高い。日本の年間自殺者を365日で割ると、毎日100人ほどが自殺している計算になり、自殺未遂者は自殺既遂者の10倍と推定されることから、毎日1000人近くの日本人が自殺を図っていると推定される。日本の歴史に、自らの命を差し出して自らの責任を取る「切腹」があるとはいえ、この自殺者数がゼロになるように社会を変えていかないといけない。自殺未遂者の中には、が

んなどの病気に悩んでいる方もいるが、メンタルヘルス不調状態に陥っている者も少なくない。社会や個人が、仕事やお金のことなどの責任を徹底的に追及したり、誹謗中傷や無支援などでメンタルヘルス不調者をさらに「追い詰める」社会風土が残っているのが自殺に至る原因だと筆者は考えている。

（2）自殺に至る心理的過程

なぜ、人は自殺するのか？　自殺する背景には、一般的に「強い心理的負荷」があることが知られている **[図表2−12]**。職場のストレスに限らず、家庭などの仕事以外のストレスも原因になり、強い心理的負荷になることも少なくない。心理的負荷が小さい場合は、自殺を思いとどまる思考・判断能力が維持され「死ぬなんて、ばかなことを考えてはいけない」と自殺を踏みとどまることができるが、あまりにも強い心理的負荷を受け続けた場合、「電車に飛び込んだら、明日会社に行かなくてもよ

図表2−11　自殺者数の推移

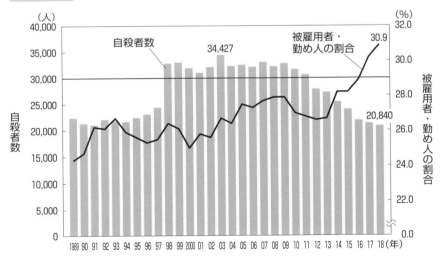

資料出所：警察庁自殺統計原票データより厚生労働省作成
［注］　2007年に自殺統計原票を改正し職業の分類が改められたことから、1989〜2006年と2007年以降との単純比較はできない。

図表 2 −12　自殺に至る心理的過程

強い心理的負荷

自殺を思いとどまる思考・判断能力が低下

自　殺

くなる」と極度に思考が狭くなり、自殺を思いとどまる力が弱くなり、衝動的に自殺に至ると考えられている。「来週○日に自殺しよう」と計画して自殺するのではなく、強い心理的負荷から「苦しくて苦しくてしょうがない、消えてなくなりたい」という追い詰められた思考の中で、「楽に」なりたくて自殺するということが少なくないのだ。そのため、今まで特に問題なく働いていた社員が突然自殺することは十分考えられる。

また、アルコール依存の患者は、そうでない者に比べて、自殺率がかなり高いことも知られている。メンタルヘルス不調で内服しているにもかかわらず、毎日３〜５合のアルコールを摂取している方は、自殺のリスクが高いことを忘れてはいけない。

自殺は突然。

自殺に至ることがないように、部下に強い心理的負荷がかからないように配慮しながら、部下をフォローアップしていくスタンスが極めて重要である。

3　ストレスチェック制度

（1）ストレスチェック制度の概要とメンタルヘルス不調への予防効果

ストレスチェック制度は、調査票によりストレスの程度を評価し、メンタルヘルス不調の未然防止と職場改善を目的とするものである。労働安全衛生法の改正を受け、2015年12月１日から常時50人以上の労働者数

を使用する事業場で実施が義務づけられた。ストレスチェック制度により、事業者は、常時使用する労働者に対して、1年以内ごとに1回、定期的にストレスチェックを実施しなければならなくなった。ストレスチェック制度では、勤務状況やストレス反応の程度、配慮すべき心身の状況、心理的負担の状況などを評価し、高ストレス者を抽出する。高ストレス者には申し出に基づき、その後の面接指導・保健指導、場合によっては受診勧奨もあり得る。また、ストレスチェックは産業医などの医師が担当する場合が多いが、社長（事業者）や人事部長など人事権を持つスタッフは、ストレスチェックの「実施の事務」に従事してはいけない。人事権がない人事課の社員やそのほかの部署の社員のみが、ストレスチェックの「実施の事務」に従事することができる。

　ストレスチェックの実施時期は、定期健康診断と同時に実施するケースや繁忙期や閑散期を避ける場合が多い。制度導入当初は、ストレスチェック対象者への周知や質問票の配布方法に苦労していたが、現在は多くの企業で、ある一定の時期にストレスチェックをルーティン的に行っている。ストレスチェック制度がメンタルヘルス不調予防に寄与しているかどうかのエビデンス（証拠・根拠）は、正直少ないが、社員のメンタルヘルスに関するセルフケアには一定の効果はあるように思われる。しかしながら、ストレスチェックの結果は、あくまで調査票に回答した一時点の評価であることを忘れてはいけない。繁忙期であれば仕事の量的負担は増えるし、上司から理不尽な対応をされた直後であれば上司のサポートの点数は下がるし、夫婦げんかをした直後は家族からのサポートの点数は下がるといったように、実施時点の取り巻く状況が結果に影響を及ぼす。

（2）高ストレス者の選定

　一般的に運用されているストレスチェックとして、1995～99年度に労働省（現・厚生労働省）の委託研究で作成された「職業性ストレス簡易調査票（57項目）」がある **［図表2-13］**。本調査は、職業性ストレス因

A　あなたの仕事についてうかがいます。最もあてはまるものに○を付けてください。

1．非常にたくさんの仕事をしなければならない

2．時間内に仕事が処理しきれない

3．一生懸命働かなければならない

4．かなり注意を集中する必要がある

5．高度の知識や技術が必要なむずかしい仕事だ

6．勤務時間中はいつも仕事のことを考えていなければならない

7．からだを大変よく使う仕事だ

8．自分のペースで仕事ができる

9．自分で仕事の順番・やり方を決めることができる

10．職場の仕事の方針に自分の意見を反映できる

11．自分の技能や知識を仕事で使うことが少ない

12．私の部署内で意見のくい違いがある

13．私の部署と他の部署とはうまが合わない

14．私の職場の雰囲気は友好的である

15．私の職場の作業環境（騒音、照明、温度、換気など）はよくない

16．仕事の内容は自分にあっている

17．働きがいのある仕事だ

職場のストレス要因

B　最近1か月間のあなたの状態についてうかがいます。最もあてはまるものに○を付けてください。

1．活気がわいてくる

2．元気がいっぱいだ

3．生き生きする

4．怒りを感じる

5．内心腹立たしい

6．イライラしている

7．ひどく疲れた

8．へとへとだ

9．だるい

10．気がはりつめている

11．不安だ

12．落着かない

13．ゆううつだ

14．何をするのも面倒だ

ストレス反応

15. 物事に集中できない
16. 気分が晴れない
17. 仕事が手につかない
18. 悲しいと感じる
19. めまいがする
20. 体のふしぶしが痛む
21. 頭が重かったり頭痛がする
22. 首筋や肩がこる
23. 腰が痛い
24. 目が疲れる
25. 動悸や息切れがする
26. 胃腸の具合が悪い
27. 食欲がない
28. 便秘や下痢をする
29. よく眠れない

【回答肢（4段階）】
A　そうだ／まあそうだ／ややちがう／ちがう
B　ほとんどなかった／ときどきあった／
　　しばしばあった／ほとんどいつもあった
C　非常に／かなり／多少／全くない
D　満足／まあ満足／やや不満足／不満足

サポート

C　あなたの周りの方々についてうかがいます。最もあてはまるものに○を付けて
　ください。
　次の人たちはどのくらい気軽に話ができますか？
　1．上司
　2．職場の同僚
　3．配偶者、家族、友人等
　あなたが困った時、次の人たちはどのくらい頼りになりますか？
　4．上司
　5．職場の同僚
　6．配偶者、家族、友人等
　あなたの個人的な問題を相談したら、次の人たちはどのくらいきいてくれます
　か？
　7．上司
　8．職場の同僚
　9．配偶者、家族、友人等

D　満足度について
　　　　　　　　　　　　満足度
　1．仕事に満足だ
　2．家庭生活に満足だ

子、ストレス反応、ストレス因子とストレス反応との関係を修飾する因子に関する57項目の質問について、「そうだ」「まあそうだ」「ややちがう」「ちがう」などの四つの選択肢で回答する。

　企業におけるストレスチェック実施後の高ストレス者の選定は、厚生労働省が提案している高ストレス者の基準に基づいて実施しているケースが少なくない。

　高ストレス者への面接指導は、高ストレスと評価された本人による申告に基づくが、高ストレス者の面接指導後のフィードバック（事業者への意見）が実務面で十分に活用されているとは言い難い。ストレスチェックの結果（個人、組織〔集団分析〕）が出ても、ストレスチェック自体が、メンタルヘルス不調予防対策を具体的に提示するものではないからである。そのため、産業医科大学 産業生態科学研究所 精神保健学研究室の真船浩介先生らが開発した「メンタルヘルス改善意識調査票」（MIRROR）と「メンタルヘルス風土尺度WIN」などの職場環境改善ツールを用いて、ストレスチェック後のメンタルヘルス対策を講じている企業もある。

　法令では規定されているものの、衛生委員会にストレスチェックの「ストレス判定図」の情報を開示していない企業も少なくない。ストレスチェック結果を集計・分析した「仕事のストレス判定図」による健康リスクなどの点数を、従業員側に知られたくないという経営側の思惑が関係していると考えられる。

　[図表2-14] の「仕事のストレス判定図」は、①仕事の量的負荷、②仕事のコントロール（裁量権）、③上司の支援、④同僚の支援を把握できるが、「仕事の量的負荷」などは経営層の安易な組織診断に使用される懸念がある。特に、「上司の支援」には注意が必要だ。「〇〇部長の所だけ、上司のサポートの点数が低い。パワハラしているんじゃないか」と疑いを持つ方もいる。この上司のサポートの点数は、その部下が回答した点数の平均値であるため、その捉え方が間違ってはいないが、管理職

の人事評価につなげないことが肝要であり、管理職の異動などにより変動しやすい。「仕事のストレス判定図」の健康リスクは、毎年同じような点数になることが多いためマンネリ化しやすく、「毎年、ストレスチェックに費用をかけるだけの価値があるのか」と疑問に感じる経営層がいることも、人事部門としては注意を要する。

図表 2 −14 「職業性ストレス簡易調査票」に基づく「仕事のストレス判定図」

「仕事のストレス判定図」では、健康との関係が深い四つのストレス要因（①仕事の量的負荷［負荷や責任］、②仕事のコントロール［自由度や裁量権］、③上司の支援、④同僚の支援）を所定のストレス調査票で測定し、その結果に基づいて、職場のストレス要因の程度や健康問題の起きやすさ（健康リスク）の程度を知ることができる。

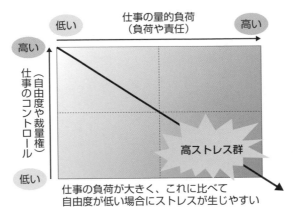

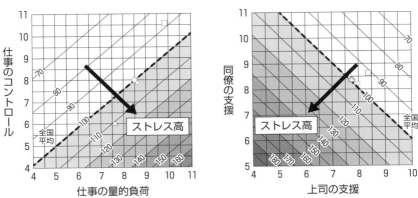

ストレスチェックの個人のスコアで「抑うつ」「不安」などが高い結果が出ても、メンタルヘルス不調であることを必ずしも意味するものではない。うつ症状がない人や「不安」の値が低い人でも、メンタルヘルス不調になる可能性がある。ストレスチェックは、あくまで、「1次予防」（メンタルヘルス不調にならないように、個人が心の健康管理の重要性に気づくために実施）を目的としているのだ。個人が自分自身のストレスレベルを把握し、メンタルヘルス不調にならないよう、1年に1回自らを振り返ることに意義がある。

（3）医師による面接指導

ストレスチェック後の面接指導は、会議室や医務室などプライバシーが保たれる場所が望ましく、面接時間は1人10～20分が一般的である**[図表2-15]**。前述の産業医面接と同様に、可能であれば事前に面接票を記載した上で、面接を受けるようにすることで、面接時間の有効活用につながる。ストレスチェック後の面接指導時に、「実は消えてしまいたいと毎日思っているんです」「〇〇部長の下でこれ以上働きたくないので、近々、会社を辞めようと思っています」という方が少なくない。健康診断の事後措置面接（例えば、重症高血圧で受診勧奨が必要な面接等）と絡めて、何が原因で産業医面接に呼ばれたか分からないようにし

図表2-15 **ストレスチェック後の面接指導の設定**

場　所：会議室や医務室など
　　　　（プライバシーが保たれる場所。声が漏れない壁、音楽）
時　間：1人につき10～20分で設定【就業時間内】
　　　　（産業医等の訪問時間に合わせて、総務人事労務担当者が面接を設定）
参加者：本人、産業医等
面接票：（共通の）面接票を面接対象者に面接前に配布
　　　　必要事項を記入の上、指定の時間に産業医等面接を受けさせる
準備物：本人の健康診断や今までの経緯の記録
　　　　（特に、療養期間、残りの年休日数等）
　　　　産業医の意見書
　　　　（産業医に記載してもらう）

て、高ストレス者全員に「産業医からの面接対象になりました」という
理由で面接している会社もあるが、高ストレス者へのフォローアップは
重要である。そもそも、高ストレス者が自主的にストレスチェック後の
産業医面接などに申し出ることはまれであり、前述のように、いつの間
にか「追い詰められて、休職、退職、自殺」のような社員を生んではい
けない（企業によるが、筆者の経験上だと100人中1人程度である）。

3 メンタルヘルス不調の特性と対処法

1 メンタルヘルス不調とは何か

　メンタルヘルス不調とは、心の不健康を総称する言葉である。精神お
よび行動の障害に分類される精神障害や自殺のみならず、ストレスや強
い悩み、不安など、労働者の心身の健康、社会生活および生活の質に影
響を与える可能性のある精神的および行動上の問題を幅広く含むものを
いう **[図表2−16]**。2000年以降、メンタルヘルス不調により療養のため
休職する労働者が急増しており、企業におけるメンタルヘルス対策の重
要性は依然として高い。厚生労働省による「労働安全衛生調査」（労働者
調査、2017年実施）によると、58.3％の労働者が仕事や職業生活に関す
ることで強いストレスを感じており、同事業所調査によると0.4％の労働
者が連続1カ月以上休業し、0.3％の労働者が退職している。また、労働
政策研究・研修機構「職場におけるメンタルヘルス対策に関する調査」
（2012年公表）によると、メンタルヘルス上の理由による1カ月以上の休
職者もしくは退職者がいる事業所は25.8％に上る。

　企業におけるメンタルヘルスケアは、法令遵守、リスクマネジメント、
社会的責任、生産性向上の観点から、必要かつ重要である。労働者がメ
ンタルヘルス不調状態になった場合、病気休職や退職、新たな人員の確

保による労働コストの上昇、事故やミスのリスクの上昇等、訴訟事例の発生や企業イメージの低下など、企業が抱えるリスクは決して小さくない。一番問題となるのは、社員の自殺である。メンタルヘルス不調による病休や自殺の原因が業務との間に相当因果関係が認められる（業務遂行性および業務起因性）と労働基準監督署が判断した場合、労災補償の対象となり、また、本人やその家族が民事上の損害賠償責任を問う裁判を起こす可能性や、SNSやメディアなどを通じて「ブラック企業」とのレッテル貼りなど、企業イメージを大きく損なうことになる。売り上げが伸びている右肩上がりの企業であったとしても、コンプライアンスや企業としてのスタンスに関する社会的な目は極めて厳しい。ある企業の幹部の方が筆者に「先生、最近は利益を生む努力より、コンプライアンス遵守のための仕事が多すぎて、これでよいのかと悩んでいます」と漏

図表 2 −16　**メンタルヘルス不調とは**

メンタルヘルス不調

- ●心の不健康を総称する言葉
- ●精神および行動の障害に分類される精神障害や自殺だけでなく、ストレスや悩み、不安など、労働者の心身の健康、社会生活および生活の質に影響を与える可能性のある精神的および行動上の問題を幅広く含むものをいう

企業が抱えるリスク

- 病休の発生、退職
- 生産性低下
- 人員確保による労働コスト上昇
- 事故やミスの発生
- 医療費の増大
- 自殺
- 業務に密接な関係がある場合、労災補償対象
- 事業者が民事上の損害賠償責任を問われる可能性
- 企業イメージの低下

対策の重要性

- ●メンタルヘルス不調は、本人とその家族だけでなく、企業や社会への影響が大きい
- ●企業におけるメンタルヘルスケアは、法令遵守、リスクマネジメント、社会的責任、生産性向上の観点から、必要かつ重要である
- ●ケアを適切に行うことで、組織全体の心の健康度が上がり、企業の発展につながる

らしていたが、「コンプライアンス遵守＞利益向上」であるのが現在の日本社会である。

　ブランド企業であっても、社員が自殺して家族が訴訟を起こした場合、パワハラ事案が発生して社員が情報を発信した場合など、組織のトップが責任を取らなければならない時代であることを再認識すべきである。

2　メンタルヘルス不調の要因と特性

　メンタルヘルス不調は、脳の機能変調といった"生物学的要因"、性格や価値観、認知の特性などの"心理学的要因"、環境やストレスなどの"環境要因"が複雑に相互作用して生じる **[図表2−17]**。メンタルヘルス不調の発生過程は個人差が大きく、そのプロセスの把握が難しい。筆者も産業医として、さまざまな企業の担当者から「なぜ、あの社員がメンタルヘルス不調になってしまったのでしょうか？　上司のマネジメントが悪かったのでしょうか？　本人の性格的なところに問題があったのですか？」と質問されることがあるが、メンタルヘルス不調の原因は明

図表2−17　**メンタルヘルス不調の特性**

- メンタルヘルス不調は、"生物学的要因""心理学的要因""環境要因"が相互作用して生じる
- メンタルヘルス不調の発生過程は個人差が大きく、そのプロセスの把握が難しい
- 心の健康を客観的に測定する方法が十分確立していない
- 本人から心身の状況を確認して評価する必要がある
- 心の健康問題を抱える労働者に対して、健康問題以外の観点から評価が行われる傾向がある
- 心の健康問題への偏見をおそれ、職場には分からないように治療している労働者がいる
- 治療期間や休業期間が長期化することがある

対応のポイント

- 労働者の個人情報保護や意思の尊重に留意する
- 総務人事労務担当者、上司、産業医、主治医が適切に連携する

確に分からないことが少なくない。

　メンタルヘルス不調には、ほかの内科疾患（がん、脳卒中など）と大きく異なる特徴がある。それは、心の健康を客観的に測定する方法が十分確立していないため、メンタルヘルス不調に関する評価を、本人からの心身の状況に関する情報をベースに診断せざるを得ない面があることである。メンタルヘルス不調気味で精神科医を受診した患者が、「ここ最近、睡眠時間が３時間ぐらいで、いつも消えてなくなりたい気持ちで押しつぶされそうだ」「電車に吸い込まれそうになった」とうつ状態に陥ったような顔つきで語った場合、医師が「就労可能」と診断書を書くことは難しい。現代の医学では、うつ病を客観的に診断できる方法が確立していないため、「うつ」と「さぼり」を明確に見分けることは医学的に困難を伴う。しかしながら、「メンタルヘルス不調は、性格や気持ちの捉え方で改善する」ということがすべてのメンタルヘルス不調者に当てはまるわけでもない。

　心の健康問題を抱える労働者に対して、健康問題以外の観点、例えば、遅刻・早退や欠勤の増加、本来の働きができなくなって生産効率が低下するといった仕事面で評価され、烙印を押される傾向がある。メンタルヘルス不調社員は、心の健康問題自体への偏見をおそれ、職場には隠して治療を受けているケースも少なくない。

　メンタルヘルス不調が悪化した場合は、治療や休職期間が長期化し、再発率が高いことが知られている。メンタルヘルスケアに当たっては、労働者の個人情報保護を徹底した上で、意思の尊重に留意し、総務人事労務担当者、職場の上司、産業医、主治医が適切に連携することが重要である。

　職場で社員のメンタルヘルス不調に気づくきっかけは、日常の様子の変化、勤務・業務面の変化である。そのためには、管理職である上司は、部下の仕事ぶり、会話などの日常の様子、勤務・業務面について、部下をよく観察し配慮しておく必要がある。部下の日ごろの様子を観察して変化や「ずれ」を察知し、メンタルヘルス不調に陥る前に早め早めの対応を心掛ける**［図表2－18］**。

　日常の様子の変化としては「以前と比べて表情が暗く、元気がない」「痩せて、顔色が悪い」「単調で力のない話し方をする」「服装や髪形が乱れている」「体調不良の訴えが増える」「周囲との折り合いが悪くなり、孤立する」などが挙げられる。

　勤務・業務面の変化としては「欠勤、遅刻、早退が増える」、特に「当日の休暇取得が増える」ことが挙げられる。メンタルヘルス不調社員が、仕事に行ける状態に達していない場合、会社に電話などで連絡することになるが、その際「私は、本日うつ状態なので、会社を休ませてください」と自ら話すことはまれである。むしろ、「胃腸炎のため今日1日、休ませてください」「高熱でとても仕事に行ける体調ではないので、本日、

図表2－18　メンタルヘルス不調を疑うサイン

日常の様子の変化	勤務・業務面の変化
• 以前に比べて表情が暗く、元気がない • 痩せて、顔色が悪い • 単調で力のない話し方をする • 服装や髪形が乱れている • 体調不良の訴えが増える • 周囲との折り合いが悪くなり、孤立する • 飲酒によるトラブルが増える • 他人の言動を必要以上に気にする	• 欠勤、遅刻、早退が増える • 当日の休暇取得が増える • 残業や休日出勤が業務量と不釣り合いに増える • 仕事の能率が低下する • ミスが増える • 上司への報告や相談が遅れる • 事故が生じる • 辞めたいと言う

休みをください」と言うことが多い。

　年次有給休暇の新規付与日数を年間20日間と仮定すると、20÷12＝1.666……であり、1カ月当たり1～2日の年次有給休暇の取得であれば、許容範囲内だが、1カ月当たり3日以上の突発的な年次有給休暇を取るような場合には、その当該社員がメンタルヘルス不調の状態にあることを視野に入れ、初期対応する。つまり、上司・産業医面談等を設定して、メンタルヘルス不調に陥っていないかを確認し、必要に応じて精神科への受診勧奨を行う。「1カ月当たり3日以上の突発的な年次有給休暇取得」が「カットオフ値」（正常状態と疾患状態を識別するための境界値）だと筆者は考えている。「仕事の能率が低下する」「ミスが増える」「上司への報告や相談が遅れる」などの事例性がある場合や、「営業先への車の運転中に考えごとをして追突事故を起こす」「工場内で業務災害を起こしてしまった」などの事故の背景にはメンタルヘルス不調がベースにある場合が少なくない。これらの「事例性」を決して軽視してはいけない。往々にして、自殺や退職に至る可能性があるメンタルヘルス不調社員は、特に「自分の気力・体力が尽きる最後の最後まで我慢する」傾向にある。これまでの筆者の経験上、不眠と抑うつ気分で顔色がよくないにもかかわらず「大丈夫です」と回答する社員こそ要注意であり、精神科へ受診勧奨したほうがよく、場合によっては療養を勧める。メンタルヘルス不調による休職や退職が多い職場では、管理職が利益重視で、部下のメンタルヘルス不調を疑うサインを無視・軽視し続け、ほぼ無策でそのまま労務管理していることが少なくない。総務人事労務担当者は、このような管理職への監視（時に人事面での介入措置が必要）と管理職へのラインケア研修を徹底すべきである。

4 精神疾患の種類・症状

(1)「うつ病」「うつ状態」と「新型うつ病」

　ここでは、精神医学で診断される、従来の「うつ病」「うつ状態」と、職場のメンタルヘルス対策で一般的にいわれる「新型うつ病」について解説する [**図表2-19**]。

　精神医学で診断されるうつ病は、中高年層に多く、社会的役割・規範への愛着があり、秩序を守り、まじめで几帳面、責任感や役割意識が強く、仕事熱心な人に多いことが知られている。昇進など、一見すると本人の精神状態にプラスになるようなライフイベントでもうつ病の発症誘因になることがあり、そのほか、責任や業務負荷の増大、引っ越し、退職、子育ての終了などが発症の誘因となりやすいことが知られているが、前述のように原因が明確に分からないことが少なくない。症状の特徴と

図表2-19　うつ病と「新型うつ病」の違いについて

＊「新型うつ病」は医学用語ではない。

	うつ病	「新型うつ病」
年齢層	中高年層	若年層
性格	社会的役割、規範への愛着 秩序を愛する まじめ、几帳面 責任感や役割意識が強い	自分自身への愛着 規範や秩序への抵抗 他者への配慮に乏しい
発症の誘因	昇進、引っ越し、退職、 子育ての終了	就職後の上司や同僚との関係 ルールやノルマ
症状の特徴	疲弊、罪悪感、焦燥	仕事の回避、他罰的感情 不全感、倦怠感
経過	初期は診断に抵抗 趣味を楽しむ意欲がない 休養と薬で治りやすい	初期から診断に協力的 趣味や好きなことは楽しめる 休養と薬のみでは慢性的
薬物反応性	良好	部分的

安易に「新型うつ病」とレッテルを貼るのは慎むべき！

第2章　メンタルヘルス不調社員の実務対応　　**97**

して、疲弊、罪悪感（申し訳なさの表明）、焦燥が強いなどが挙げられる。うつ病に罹患したことによる行動変化は明らかであるが、初期はうつ病と診断されることに抵抗することがしばしばある一方、趣味を楽しむ意欲がないことなども挙げられる。また、一般的には薬物療法が効果的で、休養や服薬で軽快（症状が改善し、軽くなること）しやすいことが知られている。

　一方、いわゆる「新型うつ病」という言葉はマスメディアを通じて、社会的に広く浸透しているが、精神医学的に厳密な定義はなされておらず、医学用語と認められていない。

　企業の総務人事労務担当者は、20代の若手社員に「新型うつ病」が比較的多く発生しているとよく言うが、最近では、40代、50代など中高年層の社員にも、「新型うつ病」と思われる事例が散見されるようになってきた。

　一般に「新型うつ病」罹患者は、若年層に多く、成熟度が低く、自己への愛着や規範や秩序への抵抗を示し、他者への配慮に乏しい——といった特徴がある。発症の誘因としては、就職後に上司や同僚との関係、ルールやノルマなどで問題が生じ、不適応や抑うつ状態となるといったケースが多い。従来の（精神医学で診断される）うつ病の場合は、自責の念が強く、「自分はメンタルヘルス不調ではない。これは自分の力のなさからくるもので、うつではない」として「感情のベクトル」が自分に向くことが多いのに対し、「新型うつ病」の場合は、自責の念が希薄である一方、不全感と倦怠感が強く、仕事では抑うつ的となり、仕事の回避や他罰的な感情が生じ、「感情のベクトル」は他人に向くことが多い。つまり、「新型うつ病」の「感情のベクトル」は「自分が悪い」ではなく、「会社が悪い」「上司が悪い」と他罰的である。「新型うつ病」の罹患者は、概して初期から診断には協力的であり、趣味や好きなことは楽しめるが、上司から指示された指摘や会社のルールに抵抗することが少なくない。また、「精神科を受診したら、うつ状態だと言われました」と恥じらうこ

となく上司に報告して、上司を困惑させることも多い。さらには、薬物療法への反応が部分的で、しばしば慢性化するが、置かれた職場環境等の変化で突然、改善することもある。

「新型うつ病」と思われる社員に対して、「あの社員がメンタルヘルス不調なら、みんなそうだ」「他罰的な社員に対して、就労支援をする気が起きないし、できれば会社を辞めてほしい」「本人がごねて、職場を変えようとしている」などと企業側がネガティブに評価する声を筆者はよく耳にする。つまり、「新型うつ病」と思われる社員に対峙している直属の上司や同僚、総務人事労務担当者は、「陰性感情」（マイナスの感情）を抱きがちである。

確かに、「うつ病で療養中に、沖縄の離島で"バカンス"した後、復職面談に来たときに真っ黒に日焼けしていたため驚いた」「うつ状態が治らないのは、パワハラ職場を変えてくれない会社のせいだと逆恨みされた」といった経験があれば、企業側が「新型うつ病」と思われる社員に陰性感情を持つのは、人間の感情として自然であろう。

しかしながら、いわゆる「新型うつ病」の中にも、双極性障害（躁うつ病）などの精神疾患が隠れていることもあり、安易に「新型うつ病」とレッテルを貼るのは慎むべきである。訴訟や自殺のリスクは常に有していることを忘れることなく、このような社員への対応を決して軽視してはならず、場合によっては専門医（経験豊富な産業医など）に相談の上、対応することが望ましい。「新型うつ病」と思われる社員も、うつ状態で適切な判断ができない状況であり、「沖縄の離島で"バカンス"」も「メンタルヘルス不調が改善しないのを他罰的に"会社や上司"のせい」にするのも、本人が自身のメンタルヘルス不調を改善する上での"生存のための行動"であるといえなくもない。

直属の上司や総務人事労務担当者は、「新型うつ病」と思われる社員に対して、その「陰性感情」をぐっとこらえて、適切に対応することが肝要である。間違っても、パワハラ発言などで「足元をすくわれる」よう

なことをしてはいけない。不幸な事象に至った場合でも、不適切な対応をしたと後から"言いがかり"をつけられても、会社として十分に説明できるだけの対応を行っておくことが最低限求められる。

（2）自殺のリスクの高い疾患と状態

　メンタルヘルス不調社員をケアしていく上でも、最も注意すべき兆候は、自殺念慮（自殺という能動的な行為で人生を終わらせようという考え方のこと）と自殺企図（さまざまな手段により、実際に自殺を企てること）である。自殺念慮が強く、自殺の計画を具体的に考えている場合は、特に自殺の切迫性が高い。では、病状とそれに伴うリスク、例えば自殺リスクはどんな病名のどのような症状が出ているときに高くなるものだろうか。

　欧米各国の自殺者に関するWHOの心理学的剖検という手法で実施した多国間共同調査（2007年）では、自殺のリスクが最も高い疾患は気分障害（特にうつ病）であり、自殺者全体の30％を占める **［図表2－20］**。次に、物質関連障害（本来は生体内には存在しない物質であるアルコール・危険ドラッグ・覚せい剤などが体内に入り、脳に影響を及ぼすことによって生じる精神障害）18％、統合失調症14％、パーソナリティ障害13％と続く。

　うつ病では、極期（抑うつ期、うつ症状が現れる時期）には自殺する気力がないため、病気の初期段階や回復初期のほうが自殺のリスクが高い。持続的な不眠、自己への無関心、症状が重度（特に妄想を伴う）、記憶の障害、焦燥、パニック発作などがある際も要注意である。アルコール依存症では、早期発見、長期間の飲酒歴、重度の依存、抑うつ気分、身体的な健康状態が悪いこと、仕事の遂行能力が低いこと、アルコール依存症の家族歴（患者の家族や近親者の病歴）、最近の重要な人間関係の破綻または喪失などの要因がある人に自殺のリスクが高い。統合失調症では、病気の初期段階、再発の初期、回復の初期で自殺が生じやすい。

　また、「雇用されていない若年男性」「反復する再燃、悪化へのおそれ

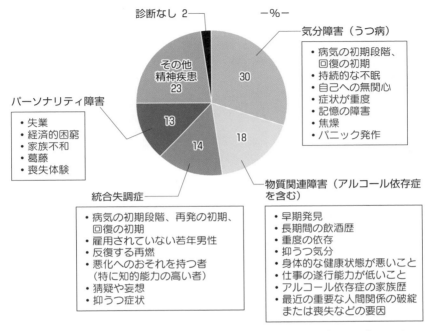

図表 2 - 20 自殺のリスクの高い疾患と状態

−%−

診断なし 2

気分障害（うつ病）
- 病気の初期段階、回復の初期
- 持続的な不眠
- 自己への無関心
- 症状が重度
- 記憶の障害
- 焦燥
- パニック発作

その他精神疾患 23

30

パーソナリティ障害
- 失業
- 経済的困窮
- 家族不和
- 葛藤
- 喪失体験

13

14

18

統合失調症
- 病気の初期段階、再発の初期、回復の初期
- 雇用されていない若年男性
- 反復する再燃
- 悪化へのおそれを持つ者（特に知的能力の高い者）
- 猜疑や妄想
- 抑うつ症状

物質関連障害（アルコール依存症を含む）
- 早期発見
- 長期間の飲酒歴
- 重度の依存
- 抑うつ気分
- 身体的な健康状態が悪いこと
- 仕事の遂行能力が低いこと
- アルコール依存症の家族歴
- 最近の重要な人間関係の破綻または喪失などの要因

資料出所：Bertolote, J. M. and Fleischmann, A.：Suicide and psychiatric diagnosis：a worldwide perspective. WPA

を持つ者（特に知的能力の高い者）」などで自殺のリスクが高く、「妄想、抑うつ症状」も危険因子として知られている。そのほか、失業、経済的困窮、家族不和、葛藤、喪失体験も自殺の危険因子となる。パーソナリティ障害、中でも境界型パーソナリティ障害では、衝動性が自殺のリスクを高める。

（3）うつ病の症状

うつ病は、心と体の両面で症状が出るのが特徴である **[図表 2 - 21]**。

心の症状として、気分の落ち込み（憂鬱、悲しい）、意欲の低下（やる気がでない、楽しめない）、思考力の低下（忘れっぽい、決断できない、集中できない）、焦り・罪悪感（いらいらする、自分を責める、自分を生

図表 2 − 21 うつ病の症状

【心の症状】	【体の症状】
• 気分の落ち込み 　　憂鬱、悲しい • 意欲の低下 　　やる気がでない 　　楽しめない • 思考力の低下 　　忘れっぽい 　　決断できない 　　集中できない • 焦り・罪悪感 　　いらいらする 　　自分を責める 　　自分を生きる価値のない人間と感じる	全身倦怠感、疲労感 不眠、過眠 頭痛、めまい、耳鳴り 微熱、発汗、動悸、ため息 目のかすみ・疲れ 食欲低下、口の渇き 胸焼け、吐き気 腹痛、便秘、下痢 手足のしびれ、肩凝り 体重減少 性欲低下、頻尿、排尿痛 ※内科を受診しても異常が見つからない

> これらの症状（特に気分の落ち込み、意欲の低下）が、
> ほぼ1日中、2週間以上ほぼ毎日続く場合は、うつ病が疑われる

きる価値のない人間と感じる）などが生じる。

　体の症状として、全身倦怠感、疲労感、不眠、過眠、頭痛、めまい、耳鳴り、微熱、発汗、動悸、ため息、目のかすみ・疲れ、食欲低下、口の渇き、胸焼け、吐き気、腹痛、便秘、下痢、手足のしびれ、肩凝り、体重減少、性欲低下、頻尿、排尿痛など、ありとあらゆる症状が生じ得る。しかし、こうした体の症状は、内科を受診しても具体的な異常が見つからないケースが多い。

　特に、普段感じることのない耐えがたい気分の落ち込みや、楽しめていたことが楽しめなくなるといった症状が、ほぼ1日中、2週間以上ほぼ毎日続く場合は、うつ病が疑われる。

（4）うつ病の治療方法

　うつ病の主な治療法として、休養、薬物療法、精神療法・カウンセリングが挙げられる ［図表 2 −22］。

　うつ病の治療では、薬物療法と併せて、十分な休養を取ることが大切である。その際、心身のストレスがかかった状態では十分な治療効果は

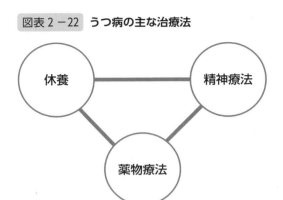

図表 2 － 22 うつ病の主な治療法

休養

精神療法

薬物療法

期待できないため、休職が必要となることもある。症状が重篤な場合や家庭では休養ができない場合は、入院も選択肢となる。

　薬物療法では、主に抗うつ薬が用いられ、症状によっては抗不安薬、睡眠薬、気分安定薬、抗精神病薬なども併用されることがある。重症例にはECT（電気痙攣療法）を行っている医療機関もある。

　精神療法では、専門的な知識と経験を持つ医師等との面談等を通して、患者自らが症状や病気が生じるに至った原因や考え方に気づき、健康を取り戻し、社会適応できるようサポートが行われる。労働者の場合は、病状がある程度回復した後、ストレス対処法の習得、生活リズムの構築、業務遂行能力の回復を目的として、職場復帰のためのリハビリテーション（リワーク）を行うことで、再休職の予防につながる。

（5）うつ病の予後

　うつ病は、適切な治療と十分な休養により、基本的には回復するが、再燃（症状の逆戻り）、再発しやすい疾患である **[図表 2 － 23]**。治療開始後、3 ～ 6 カ月で 3 分の 1、1 年以内に70％弱の人が回復する。しかしながら、寛解（症状がほぼない状態）した後 4 ～ 9 カ月間は、些細なストレスによって症状が再燃しやすい。特に、初めてうつ病に罹患（初発）した人のうち約50〜60％が再発する。うつ病を 1 回再発した人が、

●基本的には回復するが、再燃、再発しやすい疾患

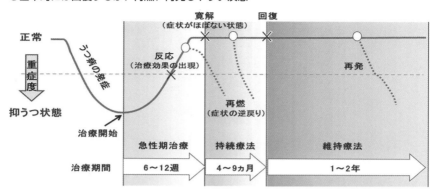

資料出所：Kupfer DJ：J Clin Psychiatry 52（suppl）：28-34，1991より改変

　2回目の再発する可能性は70%、2回再発した人が、3回目の再発する可能性は90%であることが知られている。

　うつ病は再発を繰り返すと、重症化し回復に時間を要する。また、早期に抗うつ薬を中止・減量することは再燃の危険性を高める。

　再発を予防するためには、副作用がなければ、初発例の寛解後で4〜9カ月またはそれ以上、再発例の寛解後では約2年間抗うつ薬の内服を続ける必要がある。

4　メンタルヘルス不調による休職からの復職への対応

1　復職判定

　メンタルヘルス不調による休職者の復職判定に悩む場合が少なくない。特に復職判定でトラブルになる可能性が最も高いのは、休職期間満了の

直前に、休職者が主治医からの「就労可能」「復職可能」と記載された診断書を会社に提出した場合である。メンタルヘルス不調社員が休職期間を満了する直前（例えば、残り1～3カ月前）に、何とかして期間満了による退職を回避したいと考えて行動する事例である。主治医は基本的に患者本人の味方であるため、医学的には就労継続が多少困難と判断される場合でも、あえて「就労可能」と記載された診断書を提出する場合があり、企業側は難しい復職判定を求められる。筆者は **[図表2-24]** のようなメンタルヘルス不調社員用の復職判定チェックリストを作成している。

（1）復職判定委員会の設置と開催

復職判定が困難な事例に対して、企業側としては、臨時でもよいので、復職判定委員会を設置・開催して、委員会として復職判定を行うことをお勧めする（復職判定委員会を設置している大企業は少なくない）。筆者も産業医として、復職判定が困難な事例が発生し、直属の上司や産業医が復職判定の最前線に立つ責任の重さや苦しさから、臨時に復職判定委員会を設置した経験は少なくない。復職判定委員会のメンバーは、当該メンタルヘルス不調社員の直属の上司、産業医、人事担当役員または人事部長などの役職者とし、事務局を総務人事労務担当者が務める――という構成が一般的である。基本的に復職判定委員会では、当該メンタルヘルス不調社員の出席不可、審議内容を非公開とし、「復職を認める」「復職不可」のどちらかを判定する。この復職判定の過程には、企業の顧問弁護士に必ず相談し、当該社員が休職期間満了で退職となった場合とその後の対応等、法的な観点からの意見を聴取し、その意見に基づいた復職判定を行うことも重要である。

復職判定委員会の開催前に必要な書類として、①主治医の意見書、②産業医の意見書、③会社の意見書を準備する **[図表2-25]**。

①主治医の意見書は、初診時の症状、今までの経過に関する記述、現在の状態（内服薬の投与や睡眠状況）などに加え、復職に関する意見（復

図表 2 − 24　復職判定チェックリスト（メンタルヘルス不調社員用）

□主治医から「復職可能」の診断書を確認
□治療状況の確認
　　□受診中の医療機関：　　　　　　　　　　　□主治医：
　　□病名：
　　□現在内服薬のリスト：
　　□今後の受診間隔：約（　　　　）に 1 回
　　□今後の検査：
　　□今後の治療方針：
□主治医に確認する必要性あり（照会状）
□体力が就労に耐え得る状態である
　　「療養前の元気な時の体力を100％とすると、今は（　　　）％」
　　　　　　　　　　　　　　　　　　（就労の目安：70％以上）
□生活に支障を来すほどの症状ではない（疲労・症状等）
　　□疲労
　　□食欲不振・悪心・嘔吐等　　　　□便秘・下痢等
　　□その他（　　　　　　　　　　　）
□睡眠状態は良好で、メンタルヘルス不調の兆候はない（睡眠・精神面）
　　睡眠時間：＿＿＿時間、入眠時刻：＿＿＿時＿＿＿分　起床時刻：＿＿＿時＿＿＿分
　　□入眠困難　　□中途覚醒　　□早朝覚醒
　　□朝寝・昼寝を週 2 日以上する　　□気分の落ち込みがある
　　□不安感・焦りが強い　　　　　　□その他（　　　　　　　　　　　）
　　□精神科医等の継続的なフォローアップが必要
□復職する意思が十分にある（就労意欲）
□職場での配慮が必要な状況である（就業上の措置等の検討）
　　□フルタイム勤務が難しい　　□時間外労働は難しい　　□夜勤は難しい
　　□身体に負荷がかかる作業は難しい
　　□その他の懸念（　　　　　　　　　　　　　　　　　　　　　　）
□毎日（週 5 日）、決められた時間に通勤できる状態である（通勤）
　　通勤経路：　　　　　　　　　　　　　　　（通勤時間：　　　　　）
□就労に必要な頭脳労働・肉体労働が可能（就業能力）
　　□求められる仕事を実施可能
　　□職場での良好な人間関係の構築が可能
□職場が、復職を受け入れるスタンス、受け入れ可能である（復職支援）
　　受け入れ職場：　　　　　　　　　　　（例：営業部営業 3 課等）
　　直属の上司　：　　　　　　　　　　　（例：○○部長）

図表 2－25　復職判定委員会での検討材料

```
①主治医の意見書
　　初診時の症状、今までの経過に関する記述
　　現在の状態、その他、復職に関する意見（復職した場合の勤務継続性）
②産業医の意見書
　　今までの経過に関する記述、現在の状態、本人の就労意欲
　　本人のエネルギー、通勤の難易、
　　復職および再発予防に関する本人の心構え
　　職場に対する本人の心構え、その他
　　復職に関する意見（復職した場合の勤務継続性）
③会社の意見書
　　発病前の就労状況、本人の就労意欲
　　復職した場合の職場、職務内容（メイン・サブ）
　　休職期間満了年月日、その他
　　復職に関する意見（復職した場合の勤務継続性）
```

職した場合の勤務継続性）について明記してもらう。その際、Ａ４判・１枚の自由記載の意見書様式をあらかじめ会社側で用意し、主治医に依頼して提出してもらう。

　②産業医の意見書は、今までの経過に関する記述、現在の状態、本人の就労意欲、本人のエネルギー（活力）、通勤の難易、復職および再発予防に関する本人の心構えなどに加え、復職に関する産業医の意見について、Ａ４判・１枚の自由記載の様式を用意し、提出してもらう。

　③会社の意見書は、通常、当該メンタルヘルス不調社員の直属の上司が記入する。発病前の就労状況、本人の就労意欲、復職した場合の職場、職務内容（特に、主責任を持って職務に遂行する「メイン」の担当か、主責任を持たずに同僚などを支援する「サブ」の担当かどうかは重要となる）、休職期間満了年月日その他に加え、復職に関する意見（特に、復職した場合の勤務継続性）を、Ａ４判・１枚の自由記載の様式の意見書を作成する。

　復職判定委員会では、上記①～③の意見書をベースに、前述の構成メンバーで当該社員の復職の可否を検討し、顧問弁護士の意見を聴取した

上で復職判定することが望ましい。

（2）復職判定委員会の導入による、復職後の勤務継続率の向上

筆者が、メンタルヘルス不調社員に対する復職判定委員会の有無による復職後の再病休率の差について研究した結果は、以下のとおりである[図表2－26]。

対象者は大企業の正社員で、2002年4月1日から2008年3月31日までの6年間に、ICD-10分類でF3群の精神疾患で、精神科医の診断書に「要療養」と記載され、産業医により病休（休職）が認められた労働者のうち、療養の後、精神科医が診断書に「復職可能」と記載し、復職が認められたフルタイムの正社員595人。復職判定委員会のエントリー基準は、入社9年以下が3カ月間を超える病休、入社10年から19年までが6カ月間を超える病休、入社20年以上が1年間を超える病休を認めた場合である。

復職判定委員会へのエントリーが必要になった場合は、3カ月間の試し出勤と、その期間の職務評価に関して、委員会での評価がなされた。対象者は復職した労働者のみであり、復職判定委員会による判定の有無

図表2－26　**復職判定委員会の有無による復職後の再病休調査の調査対象**

		全体	男性	女性	p値
対象者計（人）		595	495	100	
年齢（歳） （平均年齢±標準偏差）		40.9±8.8	41.3±8.4	38.6±10.1	p<0.05
雇用年数（年） （平均年数±標準偏差）		19.6±10.6	20.1±10.2	17.0±12.2	p<0.05
入社年齢（歳） （平均年齢±標準偏差）		21.3±3.8	21.2±3.7	21.7±4.0	N.S.
病休日数（日） （平均年齢±標準偏差）		129.8±162.1	122.5±145.7	165.6±221.1	N.S.
復職判定委員会による 判定の有無（人）	あり	55	40	15	p<0.05
	なし	540	455	85	

で、復職後の再病休のリスクに差があるのかを調査した [**図表2－27**]。

　メンタルヘルス不調社員の復職後の再病休のリスクに関する解析を実施したところ、復職判定委員会による判定なしで復職した労働者に比べて、委員会による判定ありで復職した労働者のほうが、ハザード比0.48（95％信頼区間：0.26－0.90）で再病休のリスクが低いことが示唆された。つまり、復職判定委員会を通過したメンタルヘルス不調社員のほうが、約20％、その後の勤務継続率が高かったのだ。本研究の結果から、復職時の就労判定を厳しくすることにより、再病休率の改善が見込めることが示唆された。主治医が「短時間勤務なら勤務可能である」など「復職の壁」の高さを下げるように要求する診断書が提出されることが少なくないが、「復職の壁」を高くしたほうが、メンタルヘルス不調社員の復職後の勤務継続率は高いといえる。

図表2－27　復職判定委員会の導入と勤務継続率

復職判定委員会の導入で、勤務継続率は2割高まった

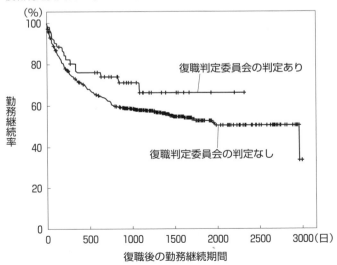

2 リハビリ勤務の留意点

　次にリハビリ勤務について述べたい。主なリハビリ勤務として、「模擬出勤」「通勤訓練」「試し出勤」があり、実際に復職できるかどうかを「リハビリ勤務」で検討している大企業も少なくない **[図表2-28]**。

　リハビリ勤務は、生活記録表を用いることが一般的である。生活記録表とは、「小学生の夏休みの時に使用していたような、8月15日は、夜10時に寝て朝6時に起きて、6時30分までに顔を洗って、朝7時に朝ご飯を食べて……」と、日常生活の行動を時系列でまとめたもので、復職希望の社員が記録していくものである。「模擬出勤」は、自宅近くの図書館に毎日通ったり、独立行政法人高齢・障害・求職者雇用支援機構の各地域の地域障害者職業センター、精神科でのリハビリテーションなどを行っ

図表2-28　リハビリ勤務の利点と問題点

正式な職場復帰決定の前に、社内制度として、
試しあるいはリハビリ的な訓練を行うために出勤・出社する制度
例① **模擬出勤**：勤務時間と同様の時間帯にデイケアなどで模擬的な軽作業を行ったり、図書館出勤等
例② **通勤訓練**：自宅から勤務職場の近くまで通勤経路で移動し、職場付近で一定時間過ごした後に帰宅
例③ **試し出勤**：職場復帰の判断等を目的として、本来の職場などに試験的に一定期間継続して出勤

□利点
　休業していた労働者の不安を和らげる
　労働者自身が職場の状況を確認しながら、復帰の準備を行うことができる

□問題点
　リハビリ勤務中の処遇、万一災害（通勤災害や事業所内での被災など）が発生したときの対応の明示化の必要性
　労務提供している状態でない→労災不適用
　人事労務管理上の位置づけ等（だれが出社の確認などをするかなど）をあらかじめ労使間で十分に要検討
　（作業について使用者が指示を与えたり、作業内容が業務（職務）に当たる場合など、労働基準法等が適用される場合がある。賃金等について合理的な処遇を行う）
　本人以外の社員への影響

たりするのが一般的である。勤務時間と同様の時間帯に会社での勤務と同じような軽作業を行う。「通勤訓練」は、自宅から勤務する職場の近くまで、通勤経路で移動し、職場付近で一定時間過ごした後に帰宅する。通勤訓練で一般的なのは、実際に始業時刻までに通常の通勤経路で職場に行き、朝礼などに参加し、生活記録表に管理職から押印してもらった後に帰宅するというものである。「試し出勤」は、本来の職場で試験的に一定期間継続して軽作業に「従事」するものであり、3時間試し出勤（午前9時から12時まで）、4時間試し出勤（午前10時から午後3時まで）、6時間試し出勤（午前10時から午後5時まで）などを行うのが一般的である。

　しかしながら、特に通勤訓練と試し出勤については、事業者は、通勤中や就業している間は他の労働者と同様に労働時間や安全衛生の確保を十分に行う必要があるため、就業規則等であらかじめ規定しておかなければならない。また、復職を判定するためとはいえ、強制的に復職希望者にリハビリ勤務を行わせてはいけない。あくまで、本人の希望に基づき、本人の責任の下で、リハビリ勤務を行うのである。なぜなら、リハビリ勤務は療養期間に該当するため、通勤訓練の交通費は自腹であり、またリハビリ勤務中の事故は、業務に当たらないため労災が適用されないからである。

（1）リハビリ勤務実施時の留意事項

　リハビリ勤務では、「求められる担当業務を、ある程度、実施することが可能かどうか」「職場での良好な人間関係の構築が可能かどうか」などを確認していく。復職直後は、体力的に余裕のない状態で就労する場合が少なくないので、リハビリ勤務で就労に耐え得る就業能力があるかを確認するとともに、そのための体力を少しずつ高めていくことが主な目的である。

　最後に、職場は復職者を受け入れ可能かどうかを確認する。例えば、次のような観点が考えられる。

「営業職が多い職場であれば、復職者は他の社員が商談や打ち合わせで得られた内容をまとめる役割に就ける」

「バックヤード業務がある職場であれば、復職当初はバックヤードで働き、少しずつ体調がよくなってきたら、誰かの営業についていく（「サブ」的な業務）という形で、徐々にステップアップしていく」

　ある程度の経験がないとできないような仕事しかない場合は、メンタルヘルス不調社員の復職の受け入れ自体が難しく、職場内の"利害関係の調整"ができないケースがある。このようなときは、当該社員の承諾を得た上で、企業・産業医が主治医と情報共有しながら、元の仕事ができるまで療養を継続することも検討せざるを得ない事例もある。

（2）試し出勤の評価

　試し出勤は、療養中の身分ではあるものの、本人の希望に基づき、職場復帰の判断を目的として、本来の職場に試験的に一定期間継続して軽作業に「従事」することを指す**[図表2−29]**。業務上災害や通勤途上災害が適用されないなどのデメリットもあるが、メンタルヘルス不調社員の不安軽減のため、試し出勤中の勤務状況を復職判定に用いる企業もあ

図表2−29　試し出勤の評価項目

①試し出勤の状況の評価（突発休○日、遅刻○日、早退○日）
②職務能力の評価
　就労意欲（本人の気持ち、実際の行動）
　仕事の持続性（体力、就労に対する耐性（離席が多くないか）、集中力）
　仕事の生産性（指示理解力、正確性、効率性・スピード、協調性、創意工夫力）
　安全への懸念
③職場適応能力の評価
　就業規則等の遵守
　身だしなみ
　同僚・上司との対人関係
　奇妙な言動・行動・態度の有無
→復職に関する意見（復職判定委員会として）

る。試し出勤は、数週間程度実施するものから３カ月間など比較的長い期間実施するものまで企業により実施期間に差がある。

　試し出勤の評価として、以下①～③の３点を注意する。

①試し出勤の状況の評価

　勤怠管理が重要である。突発休が月当たり換算で何日あったか、遅刻や早退が何日あったかを確認する必要がある。突発休が１カ月当たり３日以上あった場合は、就労継続が難しいことが推定される。

②職務能力の評価

　当該メンタルヘルス不調社員の就労意欲（本人の気持ちや実際の職場での行動など）を確認し、仕事の持続性、特に体力や就労に対する耐性（離席が多くないかなど）、集中力が持続するかなどを確認する。また、仕事の生産性も重要であり、上司の指示理解力や正確性、効率性やスピード、周囲のスタッフとの協調性、創意工夫力などを確認し、就労における安全面で懸念事項がないかを確認する。

③職場適応能力の評価

　就業規則等を適切に遵守しているか、周囲を不快にさせるような身だしなみでないか、同僚や上司との対人関係は良好か、奇妙な言動・行動・態度などはないかを確認する。

　これらの３点を確認して、復職後の勤務継続性について検討する。

3 メンタルヘルス不調社員の復職後の再病休率は約５割

　メンタルヘルス不調は再病休率が高い **[図表２－30]**。以前、日本経済新聞やYahoo!トップニュースに掲載された筆者の研究結果によれば、復職後の再病休（休職）率は、復職日から12カ月（１年）で28.3％、５年で47.1％であり、メンタルヘルス不調社員の復職後、２人に１人が再病休していたことが分かった。特に、復職日から１年間は最も再病休しやすい時期であり、復職から時間がたつにつれて、再病休のリスクは低下

することも明らかとなった。

　復職後、メンタルヘルス不調が再発するか（"黒"）、再発しない（"白"）かは本人にとっても会社にとっても大きな問題である。復職時は、まさに、"黒"と"白"が混ざった"グレー"な状態である。主治医が「就労可能」「復職可能」と診断書に記載していたとしても、例えば、産業医が、復職時に体調がよくない、再病休率が高そうな健康状態であると医学的に判断している場合（例えば、睡眠が毎日２～３時間しか取れていない、週に３～４日は昼寝をするなど）、復職後６カ月で、精神科医から「療養が必要である」という診断書が出されて再病休する事例が少なくない。復職時に"黒に近いグレー"の状態であれば、復職後の再病休率は

図表２−30　メンタルヘルス不調者の復職後の累積再病休率

メンタルヘルス不調の労働者の約半数が復職後に再病休
特に、最初の１年は再発に要注意

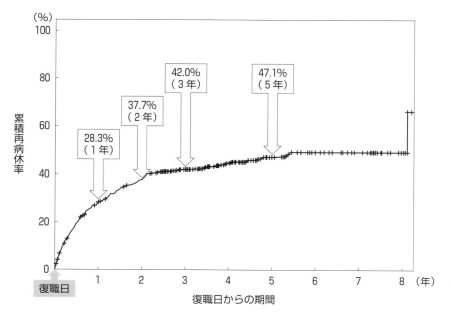

70〜80％程度であろう。休職中のメンタルヘルス不調社員は、「早く復職しなければ」という焦りが前面に出ていることが多いが、そのゴールは「復職」ではなく、「復職後5年以上、（ほそぼそとでも）勤務を続けていくこと」にある。復職直後に再病休を繰り返すことを避けることが何より重要である。直属の上司や総務人事労務担当者や産業医等が、当該社員に、"ほそぼそとでもいいので、仕事を続けていくこと"が大事であることをしっかりと伝え、復職面談時に話し合うことが重要である。厚生労働省「心の健康問題により休業した労働者の職場復帰支援の手引き」（最終改訂：2012年7月）を参考に当該社員に説明してもよいだろう。筆者の研究結果でも、再病休は復職後1年までに57.4％、復職後2年までに76.5％が集中し、その後は徐々に再病休が下がっていくことが分かる。それだけ、メンタルヘルス不調により療養後復職しても、本当の意味で回復するまで（統計学で使われる95％という数字をカットオフ値とすると）5年はかかると考えてよい。企業側としては、短時間勤務制度を復職日から2〜4週間認めたり、職務内容・業務量などの配慮を復職日から6カ月まで認めたりするなど、メンタルヘルス不調社員の（産業医等による）フォローアップは、復職後の2年間は継続したほうがよいだろう。

（1）「復職の壁」が高くなっている

　「元の職場、元の仕事、元のスタッフと就労できることが復職の条件」と考える企業が少しずつ増えている。主治医が「短時間勤務が望ましい」「業務の軽減が望ましい」と診断書に記載しても、企業側が「当社にはそのような余裕がないし、他のスタッフの業務との関連上、そのような理由での対応は難しい」と判断する職場が増えている。

　メンタルヘルス不調社員に対して、2010年ごろは、元の体力の7割ぐらいまで回復していたら復職を認めるのが一般的だったが、現在では、元の体力の9割ぐらいを要求する企業が増えつつある。「元の職場、元の仕事、元のスタッフと就労できることが復職の条件」とするなど、メン

タルヘルス不調社員に対して求める復職のハードル（復職の壁）が高くなっていると現場の産業医として痛感している。これは、多くの企業でメンタルヘルス不調社員の復職支援に力を入れてきたものの、復職後の再病休率の高さとメンタルヘルス不調社員以外の社員への生産性低下を懸念して「復職の壁」を高くしていると思われる。

　２〜４週間の短時間勤務で「慣らし勤務」を認めている企業もあるが、その一方で、「先生、メンタルヘルス不調になったら、また再発するので、もう、復職を認めないほうがよいとも思っています。そのメンタルヘルス不調社員以外の周りの社員に一番負荷がかかっていて、むしろその人たちが倒れないようにしないと」と本音を語る企業幹部の声を聞いたこともある。「働き方改革」がますます進む日本において、メンタルヘルス不調社員の復職時の壁がますます高くなるのではないかと筆者は危惧している。グローバル化が進む日本の企業は、利益確保とコンプライアンス遵守を両立しなければならない厳しい「舵取り」が求められている中で、企業の製品・サービスや社員に対する要求度に関する寛容さを失いつつある。「復職の壁」の高さを、以前のように、もう少し下げてもよいのではないかと筆者は考えているが……。

（２）"忙しい職場"に復職した社員のほうが再病休しやすい

　筆者の研究結果から、ストレスチェックのストレス判定図で、組織の「仕事の量的負荷」が高い組織に復職した労働者が、つまり、"忙しくバタバタしている職場"に復職したほうが再病休しやすい（ハザード比1.46）ことが明らかとなった**［図表２−31］**。前述のように「心の健康問題により休業した労働者の職場復帰支援の手引き」では、元の職場への復帰が原則と記載されているが、メンタルヘルス不調社員を復職させる職場は、ストレスチェックで「仕事の量的負荷」が低い組織のほうが再病休率は低い。しかしながら、前述のとおり、他の社員との公平性の観点から、「療養前に担当していた職場で、療養前と同じ作業、同じスタッフと仕事ができること」を復職の条件とする企業が増加しつつある

図表 2 −31　復職後の再病休に関する危険因子

●"忙しい" 職場に復職したほうが再病休しやすい

（コックス比例ハザード分析）		多変量解析	
共変量		ハザード比（95%CI）	P値
年齢（歳）（ref：41歳以下）	42歳以上	0.907（0.628-1.311）	0.60
性別（ref：男性）	女性	0.776（0.483-1.245）	0.29
入社年齢（歳）（ref：23歳以下）	24歳以上	1.011（0.714-1.433）	0.95
病休期間（日数）（ref：129日以下）	130日以上	1.086（0.788-1.496）	0.61
家族と同居／一人暮らし（ref：家族と同居）	一人暮らし	1.266（0.861-1.862）	0.23
通勤時間（分）（ref：70分以下）	71分以上	0.757（0.551-1.041）	0.09
管理職／非管理職（ref：非管理職）	管理職	1.145（0.731-1.792）	0.56
職種（ref：事務職）	営業職	0.903（0.607-1.343）	0.62
	技術職	0.820（0.563-1.195）	0.30
	研究職	0.315（0.073-1.360）	0.12
組織の心理的な仕事の量的負荷（ref：低い群）	高い群	1.456（1.010-2.098）	0.04*
組織の仕事のコントロール度（ref：高い群）	低い群	1.085（0.795-1.482）	0.61

資料出所：Endo et al. International Archives of occupational and environmental health, 2015

中で、メンタルヘルス不調社員は、元の職場に復職せざるを得ない場合が少なくない。

　もともと、「仕事の量的負荷が高い」組織は、仕事のスピードが速い、納期が短いなど、瞬発力を求められる職場であることが多く、「忙しい組織」にメンタルヘルス不調社員が復職しても、職場環境に適応していくことは困難である。

　安全配慮義務上、メンタルヘルス不調社員が、再病休することなく就労を継続できるようにサポートしていくスタンスが職場側に求められる。

5 メンタルヘルス不調社員への対応

1 "混乱事例"にどう対処するか

　メンタルヘルス不調社員に対応するに当たって、職場でどのように対処したらよいのかよく分からないという、いわゆる"混乱事例"は多い。時に、メンタルヘルス不調社員が直属の上司や同僚、総務人事労務担当者に対して、他罰的に批難や怒り、不満をぶつけてくる場合も少なくない。この場合、どのようなことに気をつけるべきであろうか [図表2-32]。

　「職場は病院やリハビリ施設ではない」という基本を忘れてはならない。精神科の主治医が「短時間勤務であれば就労可能」という診断書を提出しても、企業側が必ずしも受け入れる必要はなく、「復職の壁の高さ」を決めるのはあくまで企業にある。

　上司や産業医はメンタルヘルス不調社員の家族の代わりではなく、就労支援をするにも限界がある。また、混乱事例をそのままの状態で放置して休職と復職を繰り返していくと、いつのまにか休職期間満了日に近くなり、結果として満了した時点で自動退職となるケースもある。時間が有限であることも忘れてはならない。

　本人以外の社員や職場への影響を十分に考慮しながら、メンタルヘル

図表2-32　メンタルヘルス"混乱事例"に直面したら、認識すべきこと

●職場は病院やリハビリ施設ではない
●上司や産業医は家族の代わりではない
●時間は有限である
●本人以外の社員・職場への影響を考慮（公平性の観点）

例：主治医の診断書「就労可能」or「療養が必要」を提出させる
　　産業医から主治医に、照会状を出して、病状を確認する
　　復職判定委員会を社内に設定する

ス不調社員の就労支援を行う必要がある。往々にして、メンタルヘルス不調社員の療養中には、その周りの社員が自分の業務に加えて、メンタルヘルス不調社員の業務を分担して1.5倍以上の仕事をしている場合が少なくない。企業としては、この1.5倍以上の仕事をしている社員こそ、退職されると組織にとって痛手であり、療養したメンタルヘルス不調社員の仕事のフォローを担う社員が退職しないように、公平性の観点を軸に、労務管理を進めていく。

　メンタルヘルス不調社員への対応を混乱事例にさせないために、「就労可能」「療養が必要」のどちらかの所見を明記した診断書を主治医に提出させたり、産業医が復職判定の際に疑問が生じた場合には、産業医から主治医に照会状を出して、メンタルヘルス不調社員の病状を確認することもある。また、前述の復職判定委員会を社内に設置することで、役員、総務人事労務担当者、産業医、顧問弁護士などの多種のステークホルダーによって、混乱事例に対応していくことが重要である。

2 メンタルヘルス不調社員の復職対応：実務Q＆A・事例

> **Q1** 精神的に問題を抱えていると思われるが、本人にまったく病識がない場合、または隠している場合への対応方法
>
> **A** 病識のない社員に強引に対応するのは、トラブルを招くおそれがある

　病識（自分が病気であることを自覚していること）がない社員を最初から強引に病気扱いとするのはトラブルの元である。職場の中で、本人の何を改善したいのか、課題を明確にする必要がある **[図表2−33]**。まず、仕事の進捗や態度などで気になる事案が現れたときは「事例性」の事象を記録しておくとよい。できる限り、本人と話し合う機会を設け「事例性」がなくなるように、上司として課題解決に向けて支援するスタン

図表 2−33 **病識のない社員への対応策**

- 病識がない社員へ強引に対応→トラブルを招くおそれがある
- 健康診断後の産業医面談を理由に、健康状態を把握・メンタルヘルス不調の状況を確認する
  産業医から「今の状態で働き続けていくのはとても心配だから、受診したら」と促す
- 「就労可能」「療養が必要」の診断書の提出を促すこともある
- 面談拒否や受診拒否する場合は、事例性の観点から、病気と切り離して対応することもある

スで接することが望ましい。

　上司としては、メンタルヘルス不調の一症状として同様のことが起こり得ることに触れ、産業医面談につなげられればよい（あくまで"個人的にあなたのことが心配だから"というスタンスで対応する）。本人がすべてを拒否する場合は「課題」が解決されないため、病気への配慮と切り離して人事対応をすることもあり得る。

Q2 メンタルヘルス不調やその他の疾患など、頻繁に病休を繰り返す社員への対応

A 疾患ごとに就労の可否を確認して、主治医や企業等の間で情報共有を行い、「復職の壁の高さ」を確認して、安易な復職を認めないことが望ましい

　うつ病、神経症、腰痛など、毎回異なる病名の診断書を提出して、何回も休職・復職を繰り返す社員がいる場合、どう対応すればよいのか。このようなケースは"混乱事例"に該当し、職場での実務対応を進めることが難しい。基本は、フルタイムで就労可能であるのか、療養が必要な状態であるのかを疾患ごとに整理し、本人の承諾の下、主治医、産業医、企業の3者が十分に情報共有し、「復職の壁」の高さを確認し、安易

な復職を認めないことが重要である。人事上の対応としては、就業規則上の取り扱い（同一または類似の理由による休職の場合は、休職期間を通算する、最長期間を設けるなど）の変更を行ってもよい。

Q3 メンタルヘルス不調社員の望ましい復職手順、手続きはどのようなものがあるか

A 主治医の診断書、産業医の意見等を確認後、職場が復職可能であるかを適切に判断する。混乱事例の場合、復職判定委員会の設定も有効

本章内でも触れたが、メンタルヘルス不調社員の望ましい復職手順、手続きについて再度確認したい。

〈休職中〉
休職発令時期や休職可能期間、復職手順などを説明し、安心して休養してもらう。

〈主治医による復職許可〉
本人の復職への意思を確認するとともに主治医の復職に関する診断書を提示してもらう。

〈具体的な復職検討〉
産業医面談や主治医からの追加意見聴取によって、復職の可否を判断する。混乱事例の場合は、復職判定委員会を設置し、直属の上司、人事担当役員、総務人事労務担当者、産業医など産業保健スタッフ、顧問弁護士の意見を集約して対応を検討する。

〈最終的な復職決定〉
会社による最終的な復職の可否を決定し、復職可能の場合は、受け入れ職場や実際の仕事などについて本人に説明する。

〈復職後のフォロー〉
直属の上司が定期的に本人と面談を行い（一般的には月1回）、勤怠や

業務遂行状況を確認する（つまり、事例性の事象がないか確認する）。産業医等が在籍している場合は、定期的なフォローアップ面談を産業医等にも実施してもらう。

Q4 部分的な回復で復職を希望する休職者が、復職したものの再病休するケースへの対応はどうすればよいか

A 主治医による診断書に加えて、産業医面談等により、通勤の安全性や勤務継続性を確認して、適切な復職判定を行う

　メンタルヘルス不調による休職者について、以前の職場での完全な労務提供はできないにもかかわらず、不十分な回復状態で復職を希望して、職場が復職を認めたところ、復職後に再病休となってしまうケースも少なくない。復職判定においては、復職可能かどうかの診断書が提出されていることが大前提であるが、前述のとおり、主治医の「就労可能」と労務的観点での「復職可能」のレベルには差があることに注意しなければならない。そのため、主治医の「就労可能」の診断書の確認だけでなく、産業医による復職面談にて、労務提供が十分にできるレベルまで回復しているかどうか産業医から意見をもらうことがある。毎日安全に通勤できる状態であるか、一定の配慮を得た上で継続的な就業が可能かどうかなどを再確認する。前述のとおり、復職する生活リズムになっているかどうか、生活記録表を記録してもらったり、通勤訓練や試し出勤などのリハビリ勤務制度を導入したりして、復職前に実際の仕事ぶりや勤怠を上司や総務人事労務担当者が確認できるシステムを構築してもよい。大切なことは、通勤の安全性や勤務継続性を確認して、適切な復職判定を行うことである。

メンタルヘルス不調かどうかをどのように見分ければよいか

A メンタルヘルス不調かどうかにかかわらず、「疾病性」に関することは医療職に「ボールを投げ（意見を伺い）」、医療職（主治医や産業医等）の意見に基づいて対応する

　体調不良により突発休を繰り返す社員がいる場合、メンタルヘルス不調であるのか判断に迷うケースがある。また、めまい、頭痛、睡眠障害、更年期障害などの病名の診断書を提出して、短期的な療養（5日間など）や突発休を繰り返す社員は少なくない。

　安定して毎日勤務できる状態であるのか、療養が必要な状態であるのかを、疾患ごとに整理するために、本人の承諾の下、主治医等と連携して確認していくことが基本であるが、混乱事例であることも少なくない。医師の立場としては、最初からメンタルヘルス不調と決めつけるのではなく、内科疾患や婦人科疾患等の有無を確認しながら、メンタルヘルス不調になっていないかを確認する。例えば、「子宮筋腫、貧血」という診断書を出しながら、会社にはその事実を打ち明けず、実は不妊治療クリニックで体外受精を行っていた社員や、上司のパワハラ的なプレッシャーでめまいが悪化しているにもかかわらず、人事評価の査定を気にして「めまい」の診断書を提出しない社員などもいる。前述のとおり、メンタルヘルス不調があるかどうかの疾病性に関することは、医療職に「ボール」を投げることが基本であり、医療職（主治医や産業医等）の意見に基づいて対応することが肝要である。

　IT企業に勤める30代の男性。IT専門職として中途採用で入社し、データ解析を行う部署に配属されたが、入社後より多忙さも重なり十分な初期研修を受けられず、どのように作業を進めていけばよいか十分に理解できないまま時が過ぎた。分からないときに自主的に質問できればよかったのだが、「学生時代から人と話すことがとても苦手だった」という本人の話のとおり、上司や同僚に話し掛けるタイミングがつかめず、分からないまま作業を進めてしまうことがたびたびあった。ある時、ミスをしたまま作業を進めてしまった結果、大事な顧客先に迷惑を掛けてしまう事態となり、そのことを上司に厳しく注意されたのを機に、出社できなくなってしまった。

　うつ病の診断書が提出され休職になったが、服薬治療によって数カ月後から徐々に症状は改善した。間もなく、復職可能とする診断書が提出され、産業医面談、人事面談を行ったが、症状は改善したものの、人と話すことに関する苦手意識がより強固になってしまったようだった。自宅療養する上では、まったく問題ないレベルまで改善したが、ここで復職すれば同じようなストレスに直面することが懸念されていた。元の職場は、チームというより一人ひとりが個別に作業を進め、自主的にタスク管理する作業形態であり、分からないことは上司に判断を仰ぎながら進めざるを得ない環境だったからだ。復職後、しばらくは一定の配慮を得られるものの、専門職として入社した経緯もあり、長期的には独り立ちしてほしいという人事の強い希望もあった。

　そこで本人に対して、休職を延長して、リワーク施設に通ってから再度復職を試みることを産業医から提案した。生活費のこともあり、早い復帰を望んでいた本人は当初難色を示していた。しかし、コミュニケーションスキルの訓練は今後の仕事や生活の中でも必要になる大事な点であることを丁寧に説明し、また総務人事労務からも今回の休職をよい機

会と捉え、一度練習の機会を持ったほうがよいことを勧めたところ、本人は納得した。産業医から主治医に経緯を記した照会状を送付するなど情報を共有し、2カ月間のリワーク訓練を経て、少し自信をつけてからの復職となった。

　復職の際は、主治医の意見も参考にしながら、単独での仕事は避け、上司のサポート業務からスタートすることで、より安心した復帰環境を整えることができた。

事例② メンタルヘルス不調社員の就労継続に苦慮した事例

　サービス業の企業に勤める40代の女性。入社後10年以上にわたり、人材育成の部署に所属していたが、事業再編の都合で他部署へ異動となり、電話で顧客情報のヒアリングを行う業務となった。業務内容は大きく変わったが、新設部署でもあり、異動当初は新たな仕事に前向きに取り組んでいた。数カ月が経過したある日、電車の中で過呼吸発作が起き、駅の医務室で休養することになった。10年以上前にも同じ症状で治療を受けていたことがあったが、最近は再発することもなく、長らく通院もしていなかった。ところが、今回の過呼吸発作を機に、週に1回の頻度で通勤中に発作が起きて、途中下車を繰り返すようになり、遅刻や欠勤をすることもあった。

　上司からの勧めで産業医面談を行ったが、本人の中では特に強いストレスを感じることはなく、心当たりもないとのことだった。ただ、話の内容が非常に前向きな発言ばかりであることに産業医としては違和感があった。上司からあらためて状況を聞くと、電話応対についてチームのリーダーからたびたび叱責を受けていること、また、新設部署へ異動する際に周囲には不満を漏らしていたことが分かった。本人の中では、今回の異動は自分の立場に危機感を持つ出来事だった可能性がある。また、仕事がうまく進まないことで、周囲から指摘されるのがストレスであっ

た可能性もありそうだ。

　しかし、面談の中で本人がオープンに気持ちを話してくれない限り、なかなか評価も難しい。一方で、非常に前向きな発言ばかりだといっても、うそをついているような話でもなく、心情を考慮すれば、社内で気持ちを吐露するのに心理的なブレーキがかかってしまうケースも考えられる。

　原因はさておき、時期を勘案すれば〝異動や仕事の変化で何らかの不安が生じたのかもしれない〟ことを説明し、受診治療を再開することを勧めてみた。本人からは「大丈夫です」という返答が多いものの、実際に遅刻や欠勤が発生しているため、上司と産業医との三者面談の形を取り、治療により勤怠の不安定さを少しでも改善できる可能性があるなら受診してほしいと後押しをしてもらい、受診に結びつけることができた。

　投薬による過呼吸発作への対症療法は開始されたが、真の意味での改善には至っておらず、産業医面談にてフォローアップしていくこととなった。

第3章
がん罹患社員の実務対応

デンマーク・コペンハーゲン郊外にて

1 はじめに──日本におけるがん罹患の現状

1 がんは今まで健康な人が"突然"かかる

　脳卒中や心筋梗塞になる前には、高血圧や糖尿病、脂質異常症などに罹患していることが多い。しかし、がんは[図表3−1]のようなリスクファクターが知られているものの、その3分の2が「運」であり、「交通事故に遭う」という感覚に近いかもしれない。

　つまり、ある日突然、職場で「がんになったので、仕事を休ませても

図表3−1　がんのリスクファクター（危険因子）と予防因子

	リスクファクター（危険因子）	予防因子
咽頭・喉頭がん	喫煙	
食道がん	多量飲酒、熱い飲食物、肥満、逆流性食道炎	禁煙、野菜、果物
胃がん	塩分の取りすぎ（塩蔵魚、漬物など←東北地方に多い）、ヘリコバクター・ピロリ	禁煙、野菜、果物
大腸がん	肥満、高身長、家族歴、飲酒（男性）、赤肉（牛・豚・羊の肉）、加工肉（ベーコン・ハム等）、遺伝性のものなど	運動、食物繊維
肝臓がん	肝炎ウイルスの持続感染	ウイルス感染予防
肺がん	喫煙、受動喫煙	─
乳がん	高脂肪食、初経年齢が早い、閉経年齢が遅い、妊娠・出産経験がない、高齢出産、授乳歴がない、ピル、閉経後のホルモン補充療法、飲酒	授乳、運動
子宮頸がん	ヒトパピローマウイルス感染（HPV）、低年齢での性体験、性的パートナーが多い、多産、喫煙、ピル	禁煙など
子宮体がん	閉経年齢が遅い、出産歴がない、肥満	運動
前立腺がん	高齢	

らいたい」という社員からの申し出がある可能性は高い。この章では、社員ががんに罹患した場合、企業や総務人事労務担当者はどのような実務対応をすべきか、筆者の研究結果をベースに、がんという疾病の特性・治療という観点を踏まえながら解説していきたい。

2 がん治療は、すさまじいスピードで進歩している

　がんの種類はおろか、その遺伝子レベル等によって治療成績（予後ともいわれる）に差はあるものの、がん治療の進歩は目覚ましく、特にこの10年間は格段に技術が向上している。がん治療に関する診療ガイドラインが年に3〜4回改訂されているほどで、Googleなどで検索された情報が古くなっていることが少なくない。筆者は厚生労働省研究班「がん患者の就労継続及び職場復帰に資する研究」の班長を務める立場であるが、がん治療の進歩のあまりの速さに、正直、ついていくのに苦労している（例えば、大腸がんの分子標的薬による治療など、がん治療は驚くべき進歩を遂げている）。また、がん治療の進歩が速すぎるため、例えば、大腸がんを治療する専門医が子宮頸がん、子宮体がんの最新の治療法やその実態を十分に理解できていないのが実情だろう。このことはマイナスを意味するのではなく、がん治療の専門家は常に最新の治療法を学びながら、日々、患者と向き合っていることを意味する。「〇〇がんの〇〇の場合は、余命は1〜2年」という情報がネット上で掲載されていても、5年、10年生きている人は少なくない。ネットの情報は最新ではないため参考程度にしかならず、決して鵜呑みにしてはいけない。それほど、がん治療は日進月歩で進歩しているのである。

　また、必ずしも「がんが転移したら終わり」という時代でもない。がんが転移してからの治療法や症状を抑える治療法も多岐にわたる。日本は、放射線治療の実施率が欧米の先進国より低いのが課題ではあるが、"昭和"の時代の「放射線治療」の偏見が残っているのかもしれない。

がんと診断されたら、それからの「第二の人生」を再設計し、生活、そして就労を考えなければならない時代を迎えている。筆者は、がん治療の最前線で闘う医師の先生方、がんに対する新薬を研究している研究者の方々に敬意を表したいし、今の時代に「生きている」ことに感謝している。

3 就労世代のがん

　現在、「男性の３人に２人、女性の２人に１人が、一生のどこかで、がんと診断される時代」である。がんは、高齢者の病気として一般的に考えられているが、実際には、がん患者の約３割が20～64歳までの就労世代である。就労世代では、20～40代は女性のほうががんになりやすく、「働く女性が増加＝専業主婦ではなく、どこかで就労している女性ががんになる可能性が増加」している。併せて、医療の進歩により、がんの５年相対生存率が少しずつ改善され、がんになっても働ける労働者も増加している。背景として、抗がん剤や分子標的薬などの分野で新薬が次々と開発されているだけでなく、内視鏡治療や腹腔鏡治療など身体により負荷がかからない治療法の進歩などにより、入院期間が大幅に短縮され、がんになっても復職できるようになってきたことも大きい。**[図表３－２]**は、男女別のがん罹患率（全部位）を年代別に表したものである。30代後半から40代では女性が男性よりやや高いが、60代以降は男性が女性より顕著に高くなる。特に男性は55歳以降、がんにかかる確率は一気に上昇する。

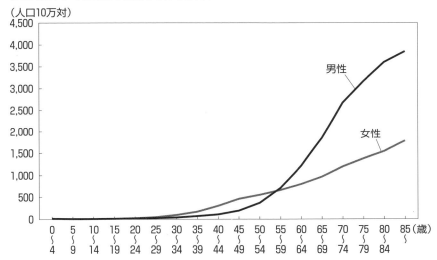

図表 3 - 2 　男女別のがん罹患率（全部位、2015年）

●40代後半までは女性の罹患率のほうが高い

（人口10万対）

資料出所：国立がん研究センターがん対策情報センター「がん登録・統計」より作成（［図表 3 - 3］
　　　　　も同じ）

4 　乳がんの罹患率の増加と子宮頸がんの若年化

　ここでは、がんの中でも特に女性特有の乳がんと子宮頸がんについて
触れておきたい。乳がんになる患者数は、「年齢階級別乳がん罹患率の推
移」［**図表 3 - 3**］の示すとおり、年々増加傾向にある。特に40代後半の
女性をピークに、乳がんに罹患して、治療や復職を経験する労働者や企
業が、これからますます増えていくことが予想され、最近では60代以降
の女性の乳がんにも注意が必要である。

（1）11人女性のうち、1人が生涯に乳がんになる時代

　現代は、11人の女性のうち1人が、生涯に乳がんにかかる時代である。
例えば、100人ほどの女性が働く企業があったとすると、そのうちの約9
人が、一生のどこかで「乳がん」と診断されることになる。

なぜ、これほどまでに乳がんの罹患率が増加しているのか？　乳がんのリスクファクターとして、高脂肪食、多量のアルコール摂取、経口避妊薬（ピル）の長期投与などが知られている。特にアルコールを飲めば飲むほど乳がんになりやすいことが知られている。日本人の食生活が「米・みそ汁・野菜という生活」から「今日はパスタ、明日は焼き肉、明後日はラーメンという生活」など、欧米型の脂の多いものに変化したことも乳がんが増えている一因かもしれない。

　また、交通手段が徒歩から車（特に地方）、家事の自動化（水拭き、手もみによる洗濯から掃除機、洗濯機の使用などへ）、仕事の機械化と作業内容の変化（農作業からパソコン作業などへ）による日常生活での運動不足もあり得る。実際、女性の中で最も運動習慣がない世代は20代である。女性労働者が多い医療・福祉業、デパートやスーパーなどの小売業で、特に「乳がん治療と就労の両立支援」は極めて重要な課題であろう。

図表 3 - 3　年齢階級別乳がん罹患率の推移

2015年は2004年に比べ、
●40代の罹患率は1.5倍に増加
●30代での罹患率も増加傾向

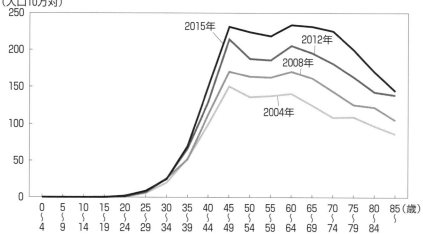

（2）子宮頸がんは妊娠・出産に大きな影響を及ぼす

　子宮頸がんは、20〜30代の女性で、最も死亡率が高くなっている。1980年には子宮頸がんの好発年齢は60代以降のシニアだったが、子宮頸がんの発症年齢がこの30年間で若年化している。職場においては、20〜50代の女性社員を中心に、子宮頸がんに罹患する可能性がある。この子宮頸がんの若年化により、20〜30代で子宮を摘出する患者数が増加しており、妊娠・出産への影響が懸念される。

　子宮頸がんは、ヒトパピローマウイルス（HPV）の持続感染が原因とされ、女性の約8割が生涯に一度はこのHPVに感染するといわれている。特に、子宮頸がんの原因として多いHPVの型は16型と18型であり、全体の約7割を占める。この二つのHPVの16型と18型はワクチンで予防可能であるにもかかわらず、副作用事例の報告から、日本では、子宮頸がん予防ワクチンの定期接種が行われていない。

5　がんになっても1週間ほどで職場復帰できる場合とそうでない場合がある

　がんと診断された場合、患者と主治医が話し合って、治療方針を決めていくことになるが、療養期間の見通しは、その治療法によってある程度予測できる。がん罹患社員が療養する場合、療養パターンは、**［図表3－4］** のように、Aパターン（年次有給休暇等で対応可能なケース）とBパターン（年次有給休暇等で足りない、病休や欠勤等の対応が必要なケース）がある。

　Aパターンは、数日〜数週間の療養であれば年次有給休暇等で対応することができる。医療の進歩によって早期の胃がんに対する内視鏡での胃がん切除など、全身への負荷が少ない手術等で治療が可能な場合が該当し、職場に自分ががんであることを伝えていない事例も少なくない。

　Bパターンは、手術やがん薬物療法（抗がん剤治療など）により、年

次有給休暇だけでは足りず、病休や欠勤等の対応が必要なケースであり、療養が長期間に及ぶケースである。

　そうしたがん罹患社員への対応について、企業からは以下のような意見がよく聞こえてくる。

　「社員ががんの治療のため仕事を休むことになったが、前例がなく、どうしたらよいか分からない」

　「がんになった社員が職場復帰するまで、会社に人員の余裕がない」

　「抗がん剤治療をしても、元どおりには働けないだろう」

　こうした声は、がんの治療後に復職できる確率、病休日数のおおよそ

図表３−４　**がん診断後の治療方針と企業での対応**

> がんと確定診断される
> がんの種類、がんのステージなどにより、治療方針を決めていく

Ａパターン（年次有給休暇等で対応可能なケース）
- 内視鏡による治療
- 部分的な外科手術など
全身への負荷が少ない治療で済む場合

Ｂパターン（病休等の対応が必要なケース）
- 手術
- 抗がん剤治療
- 放射線治療など
全身への負荷が大きい治療が必要な場合

年次有給休暇等を利用して、数日から数週間の休みの後、復職できる可能性が高い

がんの治療後に、復職できる確率、病休日数のおおよそのデータがなかったために、今後の見通しが立ちづらい…
- 復職できそうか？　退職すべきか？
- 今後の生活設計は？
- 自分の今後の人生設計は？

復　職

大規模復職コホート研究による
復職できる確率、
病休日数に関するデータ

のデータがなかったために、がん罹患社員、企業ともに、今後のことに見通しがつかなかったことに起因する。

また、「がん＝死」という昭和時代の古いイメージが偏見を生む理由の一つになっている。

後述する筆者らが日本で初めて行った調査研究は、年次有給休暇が足りなくなったＢパターンのがん罹患社員の療養日数・復職率であり、このデータを参考にすれば、がん罹患社員の療養・復職に対する見通しが描きやすくなるだろう。

2 がん患者病休・復職コホート研究結果

1 「がん治療と就労の両立」は先進国・日本の課題

「がん治療と就労の両立」は、先進国共通の社会的な課題になりつつある。特に、オランダ、ベルギー、ドイツ、北欧諸国、カナダ、アメリカ、ブラジル、オーストラリアなどの国々では、治療と就労の両立支援の研究が盛んに行われている **[図表３－５]**。労働者ががんと診断された場合のがん種別の療養日数や復職率、がん治療に伴うさまざまな症状と就労との関係を、数年間をかけて追い掛けたデータを集積した研究（コホート研究〔編注：疫学研究手法のうち、対象者の生活習慣などを調査・観察する"観察研究"の方法の一つ〕、縦断研究ともいう）が欧米では数多く実施されてきたが、日本では皆無であったため、筆者らが初めてがん罹患社員の復職コホート研究を実施した（医学統計学では、生存時間解析という統計手法が必要である）。アンケート調査やインタビュー調査では、正確に「率」を計算することができないのだ。例えば、"がん５年相対生存率"は、がんと診断されてから５年という時間の対象者の経過を記録して初めて算出することができる。

図表 3 − 5　「がんと就労」研究における欧米と日本の比較

欧米（オランダ、アメリカ、北欧）：
　さまざまな復職コホート研究
　さまざまなCancer survivorship研究

日本：
　アンケート（Web）調査・インタビュー調査のみ
　←エビデンスが低い研究しかなかった

＊復職率、退職率、5年勤務継続率を算出するためには、時間経過
　を踏まえたコホート研究が必須　cf. 5年相対生存率

日本初の大規模復職コホート研究（順天堂大・筆者ら）

2 筆者らによる日本初のがん患者病休・復職コホート研究

　本研究の対象者は、2000年1月1日〜2011年12月31日までの12年間で、「要療養」と記載された主治医の診断書にて、新規に療養となった大企業の正社員1278人（日本で働く労働者の中で最も恵まれた「治療と就労の両立支援」にある人たち）である。このような「治療と就労の両立支援」の理想形に近い人たちのデータから、どう中小企業や契約社員・パート社員の就労支援につなげていくか、本研究は、想像以上に示唆に富んでいた**［図表 3 − 6］**。

　この1278人の社員は、企業在籍中に新規に「がん」と診断された。主治医の診断書に記載されている「病名」を一つひとつ、産業医が国際疾病分類であるICD-10に合わせ、オランダなどの国々でのがんサバイバーのがんの種類の分け方に準じて分類した（本研究は、がんサバイバーシップの国際学術誌『Journal of Cancer Survivorship』（2015年）で受理済みである）。

　がん種の分類は、「胃がん」「食道がん」「結腸・直腸がん（いわゆる大腸がん）」「肺がん」「肝胆膵がん」「乳がん」「女性生殖器がん」「男性

生殖器がん」「尿路系腫瘍」「血液系腫瘍」「その他の腫瘍」の11種類になる。

対象者（1278人）の内訳は、男性1033人、女性245人であった（大企業正社員を対象としているため、男性に偏りがある）。

がんの種類で多い順に見ると、①胃がん282人、②肺がん162人、③結腸・直腸がん146人（内訳：小腸がん7人、結腸がん70人、直腸がんなど69人）、④肝胆膵がん98人（内訳：肝細胞がん38人、胆管がん9人、胆嚢がん4人、膵がん47人）、⑤乳がんは97人（全員女性）、⑥血液系腫瘍は95人（内訳：白血病32人、悪性リンパ腫46人、多発性骨髄腫8人、他の関連のがん種9人）であった。

続いて、⑦男性生殖器がん78人（内訳：前立腺がん63人、精巣・陰茎がん15人）、⑧食道がん67人と、⑧女性生殖器がん67人（内訳：子宮がん47人、卵巣がん20人）が同数であった。

⑩尿路系腫瘍は53人（内訳：腎細胞がんと尿管がんが計30人、膀胱が

図表3－6 がん種の男女別罹患社員数と病休開始日の平均年齢

がん種	全体 （人）	男性 （人）	女性 （人）	病休開始日の平均年齢 （歳）
胃　　が　　ん	282	262	20	52.9
食　道　が　ん	67	64	3	54.7
結腸・直腸がん	146	140	6	51.9
肺　　が　　ん	162	143	19	54.1
肝　胆　膵　が　ん	98	91	7	54.4
乳　　が　　ん	97	0	97	48.1
女性生殖器がん	67	0	67	46.4
男性生殖器がん	78	78	0	53.0
尿　路　系　腫　瘍	53	52	1	53.2
血　液　系　腫　瘍	95	86	9	49.0
そ の 他 の 腫 瘍	133	117	16	50.7
全　　　　体	1,278	1,033	245	51.9

資料出所：Endo et al. Journal of Cancer Survivorship, 2015（[図表3－7～12、3－18～19]も同じ）

ん23人）であり、⑪その他の腫瘍は133人（内訳：脳腫瘍20人、口腔がん20人、咽頭・喉頭がん27人、甲状腺がん19人、骨肉腫、副腎がんなど47人）であった。

　がん罹患社員の病休開始日の平均年齢は51.9歳であるが、乳がんや子宮がんの平均年齢は40代後半であった。

> **3** 病休開始日から短時間勤務できるまで2カ月半、
> フルタイム勤務できるまで6カ月半を要する

　[図表3－7]のとおり、短時間勤務ができるまで80日（約2カ月半）が平均であった。Bパターン（年次有給休暇等で足りない、病休や欠勤等の対応が必要なケース）の場合、職場に復職できるまでに要する療養日数の平均値は、がん全体でフルタイム勤務201日（約6カ月半）、短時間勤務80日（約2カ月半）であった。

図表3－7　短時間勤務およびフルタイム勤務ができるまでに
　　　　　要した療養日数（中央値）

が　ん　種	短時間勤務ができるまでに要した療養日数の中央値（日）	フルタイム勤務ができるまでに要した療養日数の中央値（日）
胃　　が　　ん	62	124
食　道　が　ん	123	―
結腸・直腸がん	66.5	136.5
肺　　が　　ん	96.5	―
肝　胆　膵　が　ん	194	―
乳　　が　　ん	91	209
女性生殖器がん	83	172
男性生殖器がん	60.5	124.5
尿　路　系　腫　瘍	52	127
血　液　系　腫　瘍	241	―
そ の 他 の 腫 瘍	91	195
全　　　　　　体	80	201

上場企業を中心とした大企業の場合、年次有給休暇がなくなっても病気による療養期間を身分保障する病休制度があり、その設定期間は１年〜数年であるケースが少なくないが、中小企業の場合、そもそも病休そのものの設定がなく、「欠勤」として身分保障はされるものの、それでも数カ月〜１年程度であることが多い。こうした実情を考えると、がんの治療のため年次有給休暇がなくなるくらい休んで、さらに「フルタイム勤務ができるまで約６カ月半」という時間は、かなり長いことが分かる。社員ががんにかかった場合、まずは、短くても６カ月〜１年間の「身分保障期間」を設定すれば、復職率を上げ、退職を防ぐことができるだろう。

　[図表３−７] で、「フルタイム勤務ができるまでに要した療養日数の中央値」の食道がん、肺がん、肝胆膵がん、血液系腫瘍の数値が「−」になっているが、これは、病休開始日から１年たっても、50％の人が復職していないことを意味している。食道がん、肺がん、肝胆膵がん、血液系腫瘍は、残念ながら復職率の低いがん種であることが示唆された。特に、最も復職率が低く、療養日数が長かったのは白血病などの血液系腫瘍であり、その中央値は1.5年であった。要するに、フルタイム勤務ができるまで少なくとも1.5年は必要ということだ。

　がんのステージや治療内容で療養日数に差が生じるが、主治医からの診断書に記載されている病名のみで、企業側はがん罹患社員の復職を推定するしかないため、このデータを見ながら、人員確保などを検討するとよい。がん罹患社員の診断書の病名を見て、この社員の「平均療養日数」「復職率」を算出して、「代わりの人材を入れるべきか、現在のスタッフで何とか組織を回していくか」「復職してきた場合の仕事をどうするか」を判断することができる。

4 退職者が多かったのは「食道がん」、死亡者が多かったのは「肝胆膵がん」

　[図表3−8]は、がんで病休となった1278人の労働者が、病休開始日から1年経過後までに「退職」「死亡」「病休継続」「復職」のいずれの転帰を取ったかを示すデータである。

　「退職」では、病休開始日から1年経過後までに35人（約3％）のがん罹患者が退職していたことになる。がん罹患者の離職率は約3割との国の研究班による報告があるので、この「約3％」という数字は、大企業の正社員という"病休制度のある恵まれた労働条件"でのデータとはいえ、逆に言えば、企業や社会の力でわが国全体でもがんによる離職率を約3％まで下げられることを示唆している。退職者が顕著に多かったのは、食道がんで9人であった。これに比べ、胃がん、女性生殖器がん、尿路系腫瘍での退職者はいなかった。

　「死亡」に関しては、132人（約10％）のがん罹患者が病休開始日から1年以内に死亡していた。特に肝胆膵がんに罹患した98人のうち、31人

図表3−8　**がん種別病休後の転帰者数(病休開始から1年まで)**

がん種	退職(人)	死亡(人)	病休継続(人)	復職(人)
胃がん	0	16	3	263
食道がん	9	7	2	47
結腸・直腸がん	3	16	4	123
肺がん	7	22	11	122
肝胆膵がん	6	31	7	54
乳がん	2	1	6	87
女性生殖器がん	0	0	5	62
男性生殖器がん	4	1	5	68
尿路系腫瘍	0	7	1	45
血液系腫瘍	1	12	19	62
その他の腫瘍	3	19	11	98
全体	35	132	74	1,031

が病休開始日から１年以内に死亡しており、肝胆膵がんの５年相対生存率の低さなどの生命予後との関連性が認められた。

「病休継続」では、74人（約６％）が、病休開始日から１年経過後まで病休を継続していた。「病休継続」の割合が最も高かったのは、白血病、悪性リンパ腫などの血液系腫瘍であった**[図表３－８]**。白血病や悪性リンパ腫などの血液系腫瘍は復職が難しいがんの種類の一つであり（平均療養日数は約1.5年）、「急性骨髄性白血病」「悪性リンパ腫」などは、全例、高用量（多量の）抗がん剤治療が必要であることから、顕著な体力低下を招くことが少なくないこと、白血病で骨髄移植等で合併症と闘いながら血液が形成されるまで時間を要することが、その背景にある。

⑤ 「胃がん」と「食道がん」の復職では「フルタイム勤務」より「短時間勤務」が望ましい

フルタイム勤務で復職した人は全体で229人であった**[図表３－９]**。復職したがん罹患者に関して「フルタイム勤務での復職者数」に比較し

図表３－９　**短時間勤務およびフルタイム勤務での復職者数および比率**

が　ん　種	短時間勤務での復職者数（人）	フルタイム勤務での復職者数（人）	短時間勤務／フルタイム勤務での復職者数の比（倍）
胃　　　が　　　ん	223	40	5.6
食　道　が　ん	42	5	8.4
結腸・直腸がん	92	31	3.0
肺　　　が　　　ん	91	31	2.9
肝　胆　膵　が　ん	41	13	3.2
乳　　　が　　　ん	72	15	4.8
女性生殖器がん	51	11	4.6
男性生殖器がん	52	16	3.3
尿　路　系　腫　瘍	30	15	2.0
血　液　系　腫　瘍	48	14	3.4
その他の腫瘍	60	38	1.6
全　　　　　体	802	229	3.5

て、「短時間勤務での復職者数」は約3.5倍であった。がん種で層別化すると、短時間勤務での復職者数／フルタイム勤務での復職者数は、1.6（その他の腫瘍）〜8.4倍（食道がん）であった。

6　がんの種類で復職率は大きく異なる

　[図表3−10]は、病休開始日からの時間の経過とともに復職した人の割合を累積して示したものである。競合リスクを加味した生存時間解析の結果、フルタイム勤務での病休開始日から60日、120日、180日、365日経過後における累積復職率（全体）は、それぞれ16.7%、34.9%、47.1%、62.3%だった。10種類のがん種別の生存時間解析の結果は、がんの種類により顕著な差がみられ、二極化していた。

　フルタイム勤務での「累積復職率が低い群」は、「食道がん」「肺がん」「肝胆膵がん」「血液系腫瘍」であり、一方「累積復職率が高い群」は、「胃がん」「結腸・直腸がん」「乳がん」「女性生殖器がん」「男性生殖器が

図表3−10　**病休開始日から60日、120日、180日、365日経過後における累積復職率**

−％−

がん種	累積復職率（病休開始日から60日、120日、180日、365日後）			
	60日	120日	180日	365日
胃　　が　　ん	16.7（48.6）	47.5（87.2）	64.4（91.5）	78.8（93.3）
食　道　が　ん	7.5（19.4）	19.6（49.3）	25.7（64.3）	38.4（70.7）
結腸・直腸がん	22.6（46.6）	45.9（70.5）	59.6（78.8）	73.3（84.2）
肺　　が　　ん	13.6（37.0）	21.0（58.0）	27.9（67.9）	34.3（75.3）
肝胆膵がん	14.3（25.5）	22.4（44.9）	34.7（49.0）	37.8（55.1）
乳　　が　　ん	11.4（30.9）	27.0（60.8）	38.5（71.1）	76.6（90.3）
女性生殖器がん	19.4（40.3）	34.3（56.7）	52.2（70.1）	77.6（92.5）
男性生殖器がん	24.4（50.0）	50.0（75.6）	65.4（80.8）	79.5（87.2）
尿路系腫瘍	28.3（52.8）	47.2（75.5）	54.7（79.2）	66.0（84.9）
血液系腫瘍	6.3（12.6）	10.6（27.4）	21.3（35.9）	42.9（65.8）
全　　　　体	16.7（37.4）	34.9（64.1）	47.1（71.6）	62.3（80.9）

[注]　数値はフルタイムで復職した場合の割合。（　）内は短時間勤務で復職した場合の割合。

ん」「尿路系腫瘍」だった。これら2群間には累積復職率にかなりの差が認められた。

●病休開始日から60日における累積復職率

　低い群： 6.3〜14.3%　　高い群：16.7〜28.3%

●病休開始日から120日における累積復職率

　低い群：10.6〜22.4%　　高い群：27.0〜50.0%

●病休開始日から180日における累積復職率

　低い群：21.3〜34.7%　　高い群：38.5〜65.4%

●病休開始日から365日における累積復職率

　低い群：34.3〜42.9%　　高い群：66.0〜79.5%

　累積復職率が最も低かった「血液系腫瘍」のフルタイム勤務での累積復職率は、病休開始日から60日6.3%、120日10.6%、180日21.3%、365日42.9%であった。

7 がん種別に見たフルタイム勤務での累積復職率

　[図表3−10] の結果をグラフにすると、[図表3−11] のようになる。

　このグラフから、フルタイム勤務での累積復職率が高いがん種（前立腺がんなどの男性生殖器がん、胃がん、子宮がんなどの女性生殖器がん、乳がん、結腸・直腸がんなど）は、企業が1年待てば約7〜8割の社員が、累積復職率が低いがん種（食道がん、肺がん、肝胆膵がん、血液系腫瘍）でも、約4割の社員がフルタイム勤務で復職できると推定できる（もちろん、がんのステージ、治療内容〔抗がん剤による治療のスケジュールなど〕、治療による症状など、さまざまな要因で復職が早くなったり、遅くなったりすることがある）。

　総務人事労務担当者は、診断書の病名（がん種）を確認して、このグラフから、どれくらいの確率で復職できるのかを推定することができる。累積復職率を参考にしながら、がん罹患社員が療養中に、補充の社員を

配置するかどうか、どういう体制で仕事を回していくかを上司と相談する際に活用できるだろう。

　大企業の場合は、病休制度（年次有給休暇がなくなった後の病気による療養期間を「病気休暇」「病気休職」として身分保障する制度）があることがほとんどのため、がん治療による療養期間は、1年〜数年保障される場合が多い。しかしながら、中小企業においては、病休制度自体がないケースがほとんどであり、年次有給休暇を消化した後は、「欠勤」として、身分保障は病休開始日から3〜12カ月というケースが少なくないのが現状である。身分保障期間が病休開始日から6カ月の場合、**[図表3−11]** の縦の線と交わった部分が累積復職率となるため、乳がんなら38.5％、胃がんなら64.4％、結腸・直腸がんなら59.6％にとどまることが推定される。

図表3−11　**がん種別の累積復職率の推移**
　　　　　　（フルタイム勤務での復職の場合、1278人）

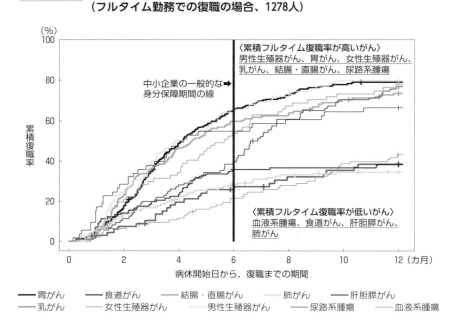

がんになっても安心して多くの社員が復職できるようになるためには、ある程度の身分保障期間が必要であり、少なくとも「病休開始日から1年」が望ましい。

8　短時間勤務制度があれば、6カ月経過時点で3人中2人のがん罹患社員が復職できる

　短時間勤務を含めた累積復職率を表したのが [図表3−12] で、[図表3−11] のフルタイム勤務の累積復職率のグラフと比べてみよう。

　短時間勤務までの療養日数の平均は80日（約2カ月半）で約半数以上のがん罹患社員が復職していることが分かる（ただし、白血病などの血液系腫瘍は、抗がん剤治療や骨髄移植の影響などで、復職率は他のがん

図表3−12　**がん種別の累積復職率の推移**
　　　　　　（短時間勤務を含めた復職の場合、1278人）

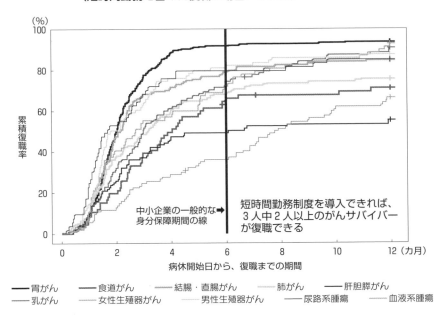

種より低い）。

　しかしながら、一部の大企業を除き、「短時間勤務での復職を認める」のは一般的ではない。例えば、正社員を短時間勤務（午前10時から午後３時まで〔昼食休憩１時間を除く場合〕の４時間勤務）として復職を認めたと仮定すると、完全月給制で賃金控除がないケースでは、フルタイム勤務の場合と同じ額の給与を支払うことになりかねない。そのため正社員で短時間勤務として復職させるのは、「期間限定」もしくは「認めない」とする企業が多いのではないかと思われる。

　筆者が産業医を務めている中小企業で、正社員として勤務していた50代の男性社員が胃がんと診断され、治療（胃の全摘術）を受けて復職する際に復職面談をした経験がある。復職面談時、本人は抗がん剤を内服していたものの、復職したい気持ちも十分、家も会社から近い、仕事もそんなにきつくない作業での復職予定だったが、体重が手術前より10kg痩せてしまったため、現時点の体力ではフルタイム勤務が難しい状態だった。そこで、産業医として「短時間勤務なら復職可能ですが、会社として認めてもらえないでしょうか」と総務人事労務担当の管理職にお願いしたところ、「当社では、フルタイム勤務での復職が原則ですから、短時間勤務での復職を認めるのは難しい。しかしながら、正社員を辞めて、パート社員に雇用形態を変更して復職するということであれば、短時間勤務の分を給与として支払う形で復職させることは可能」との返答だった。結局、その社員は、生活のことなどを考え、正社員からパート社員になることで、短時間勤務で復職したということがあった。育児や介護といった法制化されたものを除き、短時間勤務制度があるのは全体の数パーセントと、極めて少ない状況である。

　[図表３-12] が示しているとおり、がん罹患社員に対する短時間勤務制度を企業が導入できれば、約半数のがん罹患社員が、病休開始日から約２カ月半で復職できることになる。

　「フルタイム勤務」という高い壁ではなく、「短時間勤務を復職後１年

間は認める」と復職の壁の高さを低くすることで、より多くのがん罹患社員が治療と就労の両立ができるようになる。

9 がんで病休した社員の8割以上が、復職か退職のどちらかを選択せざるを得ない状況

「がんは慢性疾患になりつつある」などと一部の専門家が言うことに対し、筆者は強烈な違和感と怒りを持っている。がんは、決して慢性疾患ではない。がんは、依然として、生きるために闘わなければならない病であり、日本人の死亡原因の第1位（厚生労働省「人口動態統計年報」）である。しかしながら、がんで亡くなることは、がんの種類などによっても大きく異なるが、医療の進歩で、がんの5年相対生存率は伸び続けている。今回の筆者の研究でも、1278人のがんで病休した社員のうち、病休開始日から1年以内に亡くなった社員は132人で、全体の約10％だった。がんと診断されたとき、「もう自分は生きていけない」「もう死ぬしかない」という気持ちに陥るが、実際、がんと診断されてから1年間に亡くなる方は10人に1人で、残りの10人に9人は、がんと共生する「第二の人生」を生きているのだ。

がんと診断され、年次有給休暇が足りずに病休となったがん罹患社員は、全体の約84％が「復職」か「退職」のどちらかを選択せざるを得ない状況になっていたが、その多く（約81％）は復職していた。大企業では労働者の身分保障期間が1年〜数年と長いこと、短時間勤務制度を導入しているケースが多いため、こうした要因が病休後の高い復職率につながっていることが推定される。

しかしながら、本研究は大企業の正社員を調査したものであり、果たして、中小企業の社員や契約社員・パート社員の場合はどうだろうか。

前述のとおり、中小企業の社員、契約社員・パート社員は、がんの療養のため仕事を休まなければならなくなったとき、会社の（休ませても

らえないという）空気を読んで、「治療に専念したいので退職させてもらいたい」として退職届を出す。あるいは、会社には「仕事を続けたいけれど、がんを治療しなければならない状況を考えると、働き続けられない」という葛藤した気持ちを隠して、「一身上の都合」で、会社を辞めてしまう人も少なくないだろう。

　中小企業の場合は、療養期間（病休期間）そのものの設定がないことや、病休期間があったとしてもその身分保障期間は短く設定されていることが多いので、「期間満了による退職（自動退職）」となっている事例も少なくない。

　前述のとおり、導入できる企業だけでも、「がんにかかった場合に少なくとも１年間休める病休制度」「短時間勤務制度」など、がん治療と就労を両立しやすい制度を就業規則に盛り込むことが望ましい。これについては、順天堂大学ホームページ内の「順天堂発・がん治療と就労の両立支援ガイド」（「がん　就労　順天堂」で検索）で公開しているほか、遠藤源樹編著『選択制がん罹患社員用就業規則標準フォーマット』（労働新聞社）が参考になる。

10 「復職」「退職」に関わる４因子の内容

　がん患者の復職は、完全にがん治療から回復したとみなされがちだが、実際には個々の職務遂行能力が、復職できるレベルに回復したにすぎない。復職とは、さまざまな要因が絡んでおり、「復職」か「退職」かを選択する際に影響する因子として、**[図表3−13、3−14]** の４因子がある。

　復職因子①は「がんに関する診断・治療内容」である。がん腫、がん治療の内容、開腹手術などの手術の侵襲性（編注：身体に及ぼす負担や影響）による身体へのダメージの度合い、抗がん剤治療の薬剤や予定、場合によっては薬剤アレルギー等で療養が延びることもあり、医療機関に任せるしかない因子である。診断書と本人からの情報で推察するしか

ないため、基本的には、[図表3−10、3−11]の累積復職率のデータを見ながら、人事労務対応を検討していく。本人やその家族から治療・療養時の状況などの報告があればよいが、無理強いして聞き出すことがな

[図表3−10、3−11]

図表3−13 がんによる療養後、「復職」か「退職」かを選択する際の四つの因子

①診断・治療、②がん関連症状、③本人の就労意欲、家族の就労実態、家計の状況、
④企業の復職支援制度

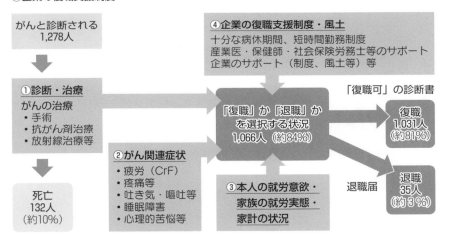

図表3−14 がん療養後、「復職」「退職」を選択する際に影響する4因子

①診断・治療
　・手術等の侵襲性（身体のダメージ）
　・抗がん剤治療のスケジュールとその詳細
　・放射線治療等のスケジュールとその詳細
②がん関連症状
　・体力低下の程度（がん関連疲労：CrF）
　・痛み・食欲低下・吐き気・下痢・便秘・むくみ
　・メンタルヘルス不調、不眠症、うつ状態、心理的苦悩
③本人の就労意欲・家族の就労実態・家計の状況
　・年齢、共稼ぎ世帯／片稼ぎ世帯、貯蓄と負債（教育・介護・住宅ローン等）
④企業の復職支援制度
　・十分な病休期間、短時間勤務制度、産業医等のサポート
　・企業のサポート（制度、風土等）

いようにし、基本的には診断書を提出してもらう。

　復職因子②は「がん関連症状」である。がん自体とがん治療に伴う症状である。がん患者の最大の就労阻害因子は、体力低下・だるさなどのがん関連疲労（Cancer-related Fatigue：CrF）であるが、それ以外に痛み、食欲低下、吐き気、下痢、便秘、むくみなどさまざまな身体の症状があり、メンタルヘルス不調、不眠症、心理的苦悩などもある。がん関連症状も医療機関に任せるしかなく、主治医からの診断書やがん罹患社員本人からの任意の情報をベースに復職の可能性を推定する。

　復職因子③は「本人の就労意欲・家族の就労実態・家計の状況」である。年齢、共稼ぎ世帯か片稼ぎの世帯か、貯蓄と負債のバランス、そして、就労世代にのしかかる教育や介護の費用の問題などが該当する。「あと数年で定年だし、退職して治療に専念しよう」という方もいれば、「息子がこれから大学受験だし、夫の収入だけでは足りないから、私も何とか復職しないと、ローンが払えなくなる」という方もいる。「働かないと生活が成り立たないけれど、フルタイムでいきなり復職する体力がない。数カ月間だけでも短時間勤務で働かせてほしいと会社に言ったら、復職を断られるだろうか」と葛藤と苦悩を抱える社員に、企業は少しでも「期間限定（数カ月間）の短時間勤務制度」などの救いの手を差し伸べてあげてほしいと筆者は切に考えている。

　復職因子④は「企業の復職支援制度・風土」である。この復職支援制度・風土は大企業と中小企業、正社員と非正規社員で大きく差がある。今までの①診断・治療、②がん関連症状、③本人の就労意欲・家族の就労実態・家計の状況は、企業がコントロールできる因子ではないが、④企業の復職支援制度・風土は、がん罹患社員に対して対応できる余地がある。「十分な病休期間」「短時間勤務制度」「企業のサポート（制度、風土等）」で、がんになっても仕事を続けやすい職場に変えることができる。本格的な少子高齢化社会・人手不足の時代を迎えている現在、がんになって仕事を一時的に続けられなくなっても、復職できる会社である

ことは、これからますます、会社のイメージ向上、社員の定着につながるであろう。特に女性が多い職場、シニアが多い職場こそ、これらの制度導入や風土改善に努めてほしい。

　以下では、療養後の「復職」「退職」に関わる因子を一つずつ解説したい。

（1）診断・治療

　がんの種類、ステージ、そして、がん患者の治療への気持ちと価値観など複雑でさまざまな状況を考慮して、治療方針を決めていく。がんに対する主な治療は、①手術、②がん薬物療法（抗がん剤、ホルモン製剤、分子標的治療薬など）、③放射線治療である。

　これらの治療それぞれにデメリットがある **[図表3－15]**。

　手術（ここでいう「手術」とは、開腹手術、開胸手術、開頭術などメスで皮膚に傷を入れるものを指す）の場合、傷が残るなどの外見が変化することが大きな特徴である。傷の大きさ、手術時間などにより差があるものの、基本的に侵襲性が高いことが多い。手術後、手術で受けたダメージを回復するために、人は「疲労」を感じ、活動量を抑えようとする。このとき、がん患者の多くは、体力低下、だるさなどの症状を訴えることが多く、これが就労を妨げる大きな要因になる。大腸がんの開腹による手術の場合、一時的に人工肛門を造設するなど、身体的に制約が

図表3－15　がんに対する主な三つの治療法とデメリット

治療法	デメリット
手術	外見の変化（傷が残るなど） 侵襲性が高い→体力低下を引き起こしやすい 人工肛門（大腸がん）などによる制約
がん薬物療法 （抗がん剤治療）	全身への負荷が強い→体力低下を引き起こしやすい さまざまな症状（吐き気、嘔吐、手足のしびれ、脱毛、骨髄機能の抑制、腎障害、筋肉痛など）
放射線治療	さまざまな症状（吐き気、食欲低下、下痢など）

加わることもある。腹腔鏡手術、上部消化管内視鏡（いわゆる胃カメラ）による治療の場合、数日から数週間で元の生活に戻りやすい。

　がん薬物療法のうち、化学療法（抗がん剤など）は、手術が困難な場合（手術の適応がない場合や血液疾患など）でも幅広く行われ、がんの中心的な治療法である。抗がん剤の種類や投与量、投与スケジュール、患者の全身状態などにより異なるが、全身への抗がん剤投与となると、大きく体力低下を引き起こしてしまうことが難点である。海外のがんサバイバー研究でも、抗がん剤投与が療養日数を長くし、復職率を下げる要因であることが報告されている。また、吐き気や嘔吐、手足のしびれ、脱毛などの症状はよく知られており、血液中の白血球数の減少、腎臓の障害、筋肉痛など患者を苦しめるさまざまな症状を引き起こす。がん薬物療法で生じるさまざまな症状を抑える治療法（支持療法：症状を軽減させるための治療）が以前より格段に進歩し、疼痛コントロール、吐き気に対する治療などがある。

　放射線治療は、吐き気、食欲低下、下痢等さまざまな症状を引き起こすことが知られているが、治療時間は格段に短く、がん治療と就労の両立に最も適している。

（2）がん関連症状

　がんは、その種類や治療内容などによって症状が大きく異なり、がん関連症状は多種多様あるが、がん関連症状のうち、就労の阻害要因として最も厄介なのは、がん関連疲労（Cancer-related Fatigue：CrF）、いわゆる、体力低下、だるさである **[図表3－16]**。がん治療等に伴い、体力が低下し、就労に耐え得るレベルに達しないことが、復職を遅らせる一番の原因であることが知られている。がん関連疲労の定義は、「持続する疲労・消耗の感覚のことで、がん自体またはがんの治療に関連して生じ、労作に比例せず、日常生活の妨げとなる症状」である。がん関連疲労（体力低下）は、他者が気づきにくい「目に見えない症状（invisible symptom）」であり、がん患者の59〜100％に認められる。

「体力低下」は、家族や同僚のように身近にいる人でも気づきにくく、また、がん患者の体力が落ちていることが日本ではあまり知られていない。がん患者の体力低下が理解されてないことで誤解を招き、がん患者が周囲との軋轢（あつれき）や孤立を生み、離婚や退職につながることも少なくない。「お父さん（がん患者）は、治療が終わって退院したのに、どうしていつも昼寝するようになったんだろう。なんか、怒りっぽいし、世話をするのが嫌になる」「もう白血病の治療をして４年もたつのだから、そろそろ一人前の仕事をしてほしいのに、彼（がん患者）は、なかなかバリバリと働いてくれない」などと周囲に思われることもある。体力低下を来しやすいのは、骨髄移植後の患者、高用量の抗がん剤治療後の患者、週１回以上の抗がん剤治療中の患者であることが知られている。

　がん患者の症状は100以上存在し、痛み（頭痛、胸の痛み、腹部の痛み、腰痛など）、吐き気や嘔吐、食欲低下、便秘や下痢などがある。がんに比較的特有な症状として、乳がん患者のリンパ浮腫や乳房切除後疼痛症候群、胃がん患者の手術後に起きやすい分食・ダンピング症候群などがある。がん患者について、インターネットに掲載されている症状は、あながち間違っていない。

　がん治療による療養後に復職した社員から「骨髄移植をした」「抗がん

図表 3 −16　がん関連症状

身体の症状
- 体力低下（がん関連疲労：Cancer-related Fatigue〔CrF〕）
「持続する疲労・消耗の感覚のことで、がん自体またはがんの治療に関連して生じ、労作に比例せず、日常生活の妨げとなる症状」
- 痛み（頭痛、腰痛など）、食欲低下、吐き気、嘔吐、便秘、下痢など
乳がん：リンパ浮腫、乳房切除後疼痛症候群など
胃がん：分食（ダンピング症候群）

メンタルヘルスケア
- 睡眠障害（がん患者の30〜50％。中途覚醒が多い）
- うつ病（Depression）・適応障害
- 心理的苦悩

剤を使用した治療を行った」「現在、外来で点滴の抗がん剤治療をしている」という申し出があった場合は、体力低下を招いている可能性が高いことから、総務人事労務担当者や上司は、「体調がすぐれないときは、いつでも申し出てください」「産業医とよく相談してください」とより一層の配慮が望ましい。当該社員は体力低下を自覚しつつも、口に出さず、「せっかく復職したのだから、頑張らなくては」と気負っていることが少なくないため、本人の気持ちに寄り添いながら、復職後2年間は特にフォローアップを心掛けてほしい。

（3）本人の就労意欲・家族の就労実態・家計の状況

本人の就労意欲・家族の就労実態・家計の状況なども、復職への意欲に大きく関係する。

特に、家族の就労実態・家計の状況は、生活がかかっているだけに、本人にとって最重要課題の一つではあるが、「会社としてできること」「できないこと」を分けておいたほうがよい。

（4）企業の復職支援制度・風土

企業の復職支援制度・風土は、企業が「治療と就労の両立支援」のための制度づくり・風土づくりに積極的に取り組むことで、がん罹患社員の復職率を上げることが十分に可能である。がん罹患社員の離職予防に最も効果がある制度の二本柱は、「十分な療養期間が担保された病休制度（1年以上）」と「短時間勤務制度」である。特に「病休制度」は重要で、中小企業の一般的な身分保障期間（欠勤を含めて）は3～6カ月であり、この設定では復職率は上がらない。一方、大企業の一般的な身分保障期間の平均は約1～3年である。当然のことながら、身分保障期間が長くなるほど復職率は改善する。

労働した分だけの給与を支払う「短時間勤務制度」の導入も重要である。午前10時から午後3時までの4時間勤務（昼食休憩1時間を除く場合）を実施したり、午前中に放射線治療後に、午後1時から午後5時まで勤務をするなど、柔軟な働き方を可能にする「短時間勤務制度」は、

図表3－17　病休コホート研究から示唆されること（まとめ）

- がんで休んでからフルタイムで復職するまで：201日（約6カ月半）
- 血液系腫瘍は、復職日までの日数が約1.5年と突出して長かった
- 復職率（病休開始日から1年）：62.3％
- がんの種類ごとに復職率が大きく異なる
- 短時間勤務制度が導入されれば、復職率は80.9％
　　　　　　　　　　　　　　　　病休日数は80日（約2カ月半）

（現状として……）
- 中小企業の一般的な身分保障期間は3～6カ月であるため、現在の制度下である限り、復職率の改善は望めない（多くが病休期間満了による退職）
- 短時間勤務制度が一般的になっていない

がん治療と就労の両立支援において、大きな役割を果たす。

　ここで、筆者の研究から得られたことを **［図表3－17］** としてまとめておきたい。

11　2人に1人のがん罹患社員は復職支援制度があれば、就労継続が可能

　「がん罹患社員は、復職後も継続して働くことができるのか？」筆者らのコホート研究の結果から、5年勤務継続率（復職後5年間、仕事を続けられた確率）が51.1％であった **［図表3－18］**。がん自体の5年相対生存率（がん患者が5年間生きられる確率）が約65％であることを考慮すると、この「5年勤務継続率51.1％」は、かなり高い確率である。大企業の正社員のがん罹患社員の5年勤務継続率であるが、企業の復職支援制度（十分な病休期間、短時間勤務制度など）の条件が整えば、2人に1人のがん罹患社員が復職日から5年後も治療と就労を両立できること、すべての企業でがん治療と就労の両立支援のための制度設計と風土の醸成が重要であると示唆される。中小企業や非正規雇用のがん罹患社員の勤務継続率は、約2～3割のかなり低い数字であると推定されるが、両

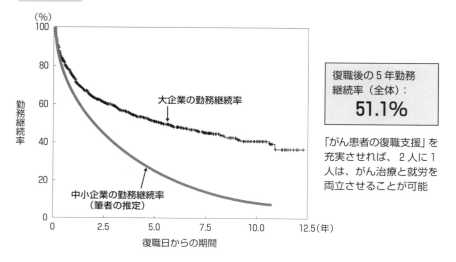

図表 3 −18 **復職後の勤務継続率（全体）**

復職後の 5 年勤務
継続率（全体）：
51.1%

「がん患者の復職支援」を
充実させれば、2 人に 1
人は、がん治療と就労を
両立させることが可能

立支援のための制度や風土が整えば、中小企業の勤務継続率は、大企業
の勤務継続率に近づくだろう。

12 治療と就労を両立する上で復職後の 2 年間が重要

　がん罹患社員が復職後、がん治療の副作用による症状（体力低下・痛
み等）やがんの再発に対する治療等により就労継続が難しくなった場合、
主治医の診断書による「再病休（死亡を含む）」か「依願退職」のどちら
かに至ることが多い。

　復職後の 5 年再病休率は38.8%であった。[**図表 3 −19**] のように、特
に復職後の 2 年間における再病休が多い（復職日から 1 年後までに再病
休全体の57.2%、復職日から 2 年までに再病休全体の76.3%が集中）。つ
まり、復職した社員は、復職日から 1 年間勤務を継続できれば、「治療
と就労の両立の壁」の半分を超え、復職日から 2 年間勤務が継続できれ
ば、「治療と就労の両立の壁」の75%を超えたことを意味する。これは、

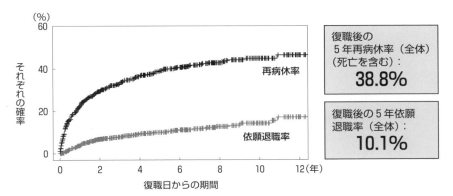

復職後 2 年間が、再病休が多い
→復職日から 1 年を乗り切れば、就労との両立は半分クリア
→復職日から 2 年を乗り切れば、就労との両立は75％クリア

がん罹患社員にとっても、企業にとっても復職後の経過を見通せる意味
で極めて重要なデータである。職場が、短時間勤務制度を柔軟に適用し
たり（通常は復職日から 3 カ月が一般的）、立ち仕事から座り仕事（デス
クワークや心身への負荷が少ない仕事）への配置転換、治療やその副作
用・体力低下に伴う突発休制度などの就業上の措置を、復職日から 1 ～
2 年間については期間限定で配慮することにより、がん治療と就労が両
立しやすくなることを意味する。つまり、職場側が「がんから復職した
社員に対し、ずっと『特別な』配慮をし続けなければならない」という
わけではない。せめて、復職日から 1 年だけでも、がん罹患社員に就業
上の配慮を行い、 1 年経過後には、他の社員と同じ労務管理にするとい
う対応でもよい。それだけ、がん罹患社員にとって、復職日から 1 年間
は治療と就労の両立において極めて重要である。それは「就労を維持す
ることへの闘い」だけでなく、「がんとの闘い」「がんの再発への不安と
の闘い」の 1 年だからだ。

　復職後の 5 年依願退職率（定年退職者は除く）は10.1％であった。こ

の5年依願退職率は、メンタルヘルス不調社員の復職後の退職率と比べても、かなり高率である。依願退職は、復職後の1年間に集中しており、「職場復帰可能」という主治医の診断書を基に復職したものの、[図表3−13、3−14]にある4因子、抗がん剤による再治療、体力低下とがん関連症状、家庭環境、実際に就労して困難に感じたことなどで自ら退職を選んでいるのかもしれない。筆者も、今まで、「働き続けたいけれど、体力がなくて難しい」「職場にいつまでも迷惑をかけられない」と感じて退職したがん罹患社員と多数面談してきた。

　がんにおける治療と就労の両立支援は、復職日から1〜2年間が重要であることを強調したい。

13 男性のがん罹患社員の5年勤務継続率は48.5％

　がんで治療・療養の後に復職した男性社員について見ていこう。本研究では、1033人の男性社員が、初めてがんと診断され、治療・療養となったが、786人が復職していた。がん種別の復職人数の多い順を見ると、胃がん234人、結腸・直腸がん114人、肺がん104人であった。

　復職日から半年後の勤務継続率（復職後の0.5年勤務継続率・男性）は80.1％、1年勤務継続率71.2％、2年勤務継続率60.9％、3年勤務継続率56.1％、4年勤務継続率51.4％、5年勤務継続率48.5％だった [図表3−20]。男女を合計したデータでも、復職後の5年間に「再病休」か「依願退職」した社員と復職後も「がん治療と就労」を両立していた社員が約半数ずついたことが分かった。

　特に、復職した最初の1年で勤務継続率のグラフは大きく減少しており、やはり、復職日から2年間ががん治療と就労の両立上、重要であることが見て取れる。

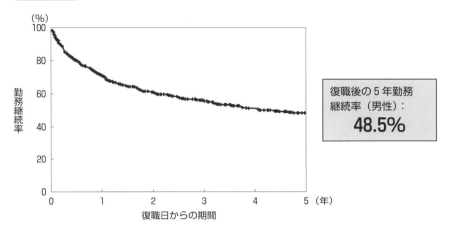

図表 3 −20 復職後の勤務継続率（男性）

(%)

勤務継続率

復職後の 5 年勤務
継続率（男性）：
48.5%

復職日からの期間

資料出所：Endo et al. Journal of epidemiology, 2018（[図表 3 −21] も同じ）

14 胃がん、前立腺がんなどであれば、
復職後の平均勤務継続年数は10年以上

　男性のがん罹患社員の復職後の 5 年勤務継続率は、がんの種類により
大きく異なることが分かった **[図表 3 −21]**。

　復職後の 5 年勤務継続率（男性）を、がん種ごとに比較してみると、
肺がん14.2％、食道がん28.7％は低かったのに対し、前立腺など男性生殖
器がん73.3％、胃がん62.1％は高く、がん種によって 5 年勤務継続率に大
きな差が認められた。特に、前立腺がん、精巣がん、胃がんであれば、
復職後の平均勤務継続年数は10年を超えており、復職後の 2 年間を乗り
切れば、徐々に普通に働けるようになる可能性が高い。

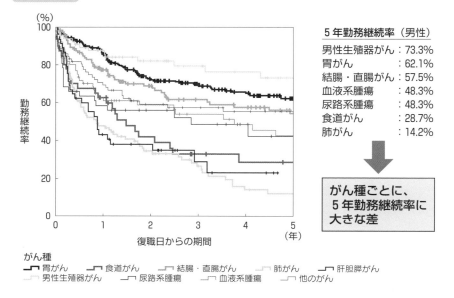

図表 3 −21　がん種別ごとの勤務継続率（男性）

5 年勤務継続率（男性）

男性生殖器がん：73.3%
胃がん：62.1%
結腸・直腸がん：57.5%
血液系腫瘍：48.3%
尿路系腫瘍：48.3%
食道がん：28.7%
肺がん：14.2%

がん種ごとに、
5 年勤務継続率に
大きな差

がん種
胃がん　食道がん　結腸・直腸がん　肺がん　肝胆膵がん
男性生殖器がん　尿路系腫瘍　血液系腫瘍　他のがん

15　女性のがん罹患社員の 5 年勤務継続率は60.4%

　がんの治療・療養の後に復職した女性社員について見ていこう **[図表 3 −22]**。本研究では、245人の女性社員が、初めてがんと診断され治療・療養となったが、224人が復職している。がん種別の復職人数の多い順を見ると、乳がん90人、子宮がんなどの女性生殖器のがん64人、胃がん18人、肺がん16人、その他の腫瘍36人という結果であった。

　復職日から 5 年後の勤務継続率（女性）は60.4%だった。復職した最初の 1 年で勤務継続率のグラフは大きく減少しており、女性のがん罹患社員も復職日から 2 年間が、治療と就労の両立上、重要であることが分かる。

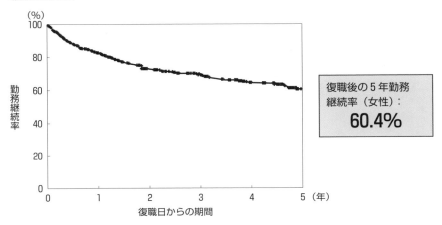

資料出所：Endo et al. BMC Public Health, 2019（[図表 3 − 23]も同じ）

16 乳がん、子宮がんなどであれば、復職後の平均勤務継続年数は10年以上

　がん種によって、女性の復職後の 5 年勤務継続率に大きな差があることが分かった [図表 3 − 23]。がん種で比較してみると、子宮がんなどの女性生殖器のがん67.8％、乳がん63.4％、胃がん63.1％、肺がん31.3％であった。特に、子宮がん、乳がん、胃がんであれば、復職後の平均勤務継続年数は10年を超えており、女性の場合も男性と同じく復職後の 2 年間を乗り切れば、徐々に普通に働けるようになる可能性が高い。

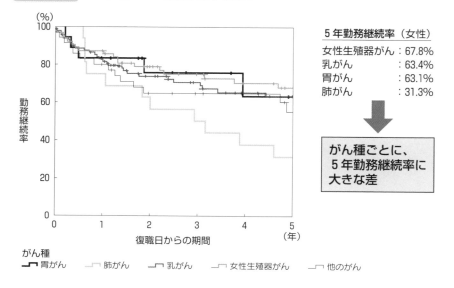

図表3－23 がん種別ごとの勤務継続率（女性）

（%）

勤務継続率

復職日からの期間
（年）

がん種
胃がん　　肺がん　　乳がん　　女性生殖器がん　　他のがん

5年勤務継続率（女性）

女性生殖器がん：67.8%
乳がん　　　　：63.4%
胃がん　　　　：63.1%
肺がん　　　　：31.3%

がん種ごとに、
5年勤務継続率に
大きな差

---

17 がんと診断された社員の心境

　ある日突然、がんと診断される。これは、がんと診断された経験のある人にしか分からない心境である **［図表3－24］**。

　まずは、がんを告知された瞬間から、がんや死への恐怖・不安に陥る。

　アメリカの精神科医エリザベス・キューブラー・ロスは、著書『死ぬ瞬間－死とその過程について』（1969年）の中で、終末期の患者をインタビューした結果、死の受容のプロセスと呼ばれる「キューブラー＝ロス・モデル」を提唱した。これは、すべての患者が同じではないと書いている一方で、以下の五つの段階をたどると指摘している **［図表3－24］**。

①否認：自分が死ぬわけがないと否認する段階

②怒り：なぜ自分が死ななければならないのかと怒りを感じる段階

③取引：何とか死なないように、何かにすがる段階

④抑うつ：うつ状態の段階

⑤受容：自分自身が死ぬことを受け入れる段階

　現在は、がん治療が毎年進歩している時代であり、これは末期がんの患者についての概念であるので、あくまで参考かもしれないが、ある日突然、がんと診断された時の精神的なショックは、昔とあまり変わっていないと筆者は考えている。実際、がんの告知を受けた人が、診断から１年以内に自殺するリスクは、がんにかかっていない人の約20倍に上ることが知られている（国立がん研究センターなどの調査〔2014年〕）。がんによる心理的ストレスは、診断後の数カ月が最も強く、その期間のメンタルヘルスの支援は極めて重要である。

　ある日突然、がんと診断された社員が職場に在籍している場合、周囲は相手の気持ちに寄り添うコミュニケーションを心掛けてほしい。そして、がんと診断されたことを含めたすべての健康情報の管理を徹底してほしい。手術への不安、抗がん剤治療のつらさと副作用など、がんと診断されたことのある者でしか分からない苦しみである。がん罹患社員の中

図表３−24　ある日突然、がんと診断された社員の心境

- がん、死への恐怖
  キューブラー・ロスの５段階（否認・怒り・取引・抑うつ・受容）
- 治療に関する不安（手術・がん薬物療法・放射線治療）
  治療（抗がん剤治療など）に耐えていけるのか？
  抗がん剤治療の開始後に、髪の毛が抜ける、嘔吐などの副作用
- 家計（お金）・医療費に関する不安
  自宅のローン、子どもの学費、親の介護…
  貯蓄と負債のバランス
  「働かないとお金がなくなる…」
- 仕事・復職への不安
  復職しても、会社まで毎日通勤できるだろうか？
  元どおりの仕事ができるだろうか？
  もしパフォーマンスが低下したら、会社は許してくれるのか？
  会社を辞めて、治療に専念したほうがよいのか…再就職先は？

には、住宅ローン、子どもを高校や大学に進学させるための学費、年老いた親の介護といった経済的な不安もある。働かないと貯金を切り崩さざるを得ない状況であり、これから払い続ける医療費も加味すると、貯蓄と負債のバランス、家族の生活を維持することへの大きな不安がある。

　がん患者に対するメンタルヘルスケアも重要であり、がん患者の30〜50％は、睡眠障害（いわゆる不眠症）を合併することが多く、特に、中途覚醒（夜中に何度も目が覚めてしまう）が多い。「夜中に何度も目が覚めてしまう」「抗がん剤治療で入院中、夜中に何度も目が覚めて、自分はもう長く生きられないと思って、何度も枕を濡らした」など、筆者も、がん罹患社員から多くの経験談を産業医面談で聞いてきた。がん罹患社員は、心理的苦悩（psychological distress）を抱え、時にうつ状態からうつ病や適応障害と診断され、精神科医のフォローアップが必要な場合も少なくない。

3 がん罹患社員の就労上のポイント

　就労世代の代表的ながんである乳がん、胃がん、大腸がんに罹患した社員の就労上の留意点を述べたい。

1 乳がん：治療は長期化しやすいが、全体的に治りやすい ⇒職場が配慮すれば、治療と就労を両立しやすい

　乳がんは、がんのステージ・性質により、手術、抗がん剤治療・分子標的薬による治療・放射線治療など治療方針が変わるが、ホルモン療法は長期間に及ぶものの、5年相対生存率は高いほうのがん種である[図表3−25]。外来通院でのフォローアップが5〜10年と長期間に及ぶことが少なくない。まずは、乳がん治療による療養後の2年間は治療と

- 乳がんは、がんのステージ、治療等で、療養期間、就労上の配慮等の個人差が大きいがん種である
- 乳がんの平均療養日数は、フルタイム勤務で209日（約7カ月）
  　　　　　　　　　　　　　　短時間勤務制度があれば91日（約3カ月）
- 抗がん剤治療が長期になる場合がある
  　手術後、抗がん剤治療、放射線治療、ホルモン療法を行うことが少なくない
- 短時間勤務制度を導入することで、多くの乳がん罹患社員が治療と就労を両立できる（逆に、短時間勤務制度がないと、職場復帰後、退職に至りやすいと推定される）
  　朝10時から午後3時まで4時間働いた後に、抗がん剤治療をするなど
- 乳がんの治療により、体力が落ちたりすることがある
  　抗がん剤治療後数日は、体力低下で突発休することもある
  　→座り仕事、事務作業等であれば、十分に就労は可能。立ち仕事は最初は難しい
  　→通勤ラッシュや長時間の車通勤ができるほどの体力がない
- 職場復帰後の5年勤務継続率は63.4%
- 抗がん剤の副作用、再発等には、復職後、注意が必要

就労が両立しやすい職場づくりが求められる。

　乳がんにおける特徴的な症状と作業制限を以下に挙げる。

（1）体力低下に伴う突発休・遅刻・早退

　抗がん剤治療など、体力低下を引き起こしやすいことから、抗がん剤治療の数日後（例えば、金曜日に抗がん剤治療をしたとすると、3日後の月曜日）に体調が悪くなることがあり、突発休を認めることがある。通院日のことも含めて、期間限定（復職日から1年間だけでも）で特別休暇制度を導入できる職場が増えてくれることを望む。現状、多くの乳がん罹患社員は、年次有給休暇がなくなり、復職後の体力のなさから退職する方が少なくない。復職日から1年間だけでも特別休暇制度があるとありがたい（遠藤源樹編著『選択制がん罹患社員用就業規則標準フォーマット』〔労働新聞社〕が参考になる）。

（2）手術の後遺症による生産性の低下と作業制限

　手術により、リンパ浮腫で手がむくんだり、また手がしびれたりする

ことが少なくない。リンパ浮腫は、リンパ液がたまった部位に「腫れ」が生じて、痛みやだるさ、締め付け感を引き起こし、体力と集中力を落とす大きな要因である。腕がうまく上がらない、皮膚が引きつられる、手のだるさ・しびれのために、デスクワークや現場作業に支障を来すことがあるため、本人の症状に合わせた仕事内容への配慮があるとありがたい。

（3）抗がん剤治療による生産性の低下と作業制限

　抗がん剤治療は体力を奪いやすいだけでなく、さまざまな症状を引き起こす。治療中は吐き気、食欲低下や胃の不快感、しびれなど、治療後しばらくは、体調不良を来すことも少なくないため、休憩室などで横になって休まざるを得ないこともある。抗がん剤治療が一段落して、ある程度の月日がたてば、少しずつ体調が回復していくことが期待されるため、この意味でも「復職日から1年間の特別な配慮」が望ましい。

（4）ホルモン療法による生産性の低下と作業制限

　乳がんの治療の一つであるホルモン療法により、更年期に出現するような症状（ホットフラッシュ）や関節痛、骨粗しょう症などを引き起こすことがある。一時期、生産性の低下、デスクワークや現場作業に支障を来すことがあるため、周囲の理解や配慮が必要である。

　以上、乳がん罹患社員に対しては復職後1年間の特別休暇制度を設けることにより、就労が十分可能である。立ち仕事や熱源のある場所での仕事、高所作業や精神的に集中する作業に配置させることは避けたほうが望ましいが、がん罹患社員本人に寄り添いながら丁寧なフォローアップで就労支援をしていくとよい。

　企業としては「座り仕事、“サブ”的な業務（誰かの仕事を手伝う、責任が少ない業務）」をがん罹患社員に与え、復職後1年の「がん罹患社員の配慮期間」を設ける。乳がんは、筆者らの研究により、職場が一定の配慮さえすれば復職後10年以上は平均して働けることが明らかとなった。就労女性の増加と、それに伴う乳がんの罹患率の上昇を考えると、

乳がん罹患社員の就労支援は、女性の割合が高い小売業・医療介護関係はもちろんのこと、女性が少ない製造業などの職域でも特別な配慮を望みたい。

---

2 胃がん：分食と体力低下への配慮が重要
　　⇒復職後1年間は、短時間勤務制度の適用が望ましい

　胃がんは、早期であれば治癒率は90％を超える。内視鏡の手術でがんを取り除くことができる場合は、年次有給休暇の範囲内で治療できる。しかしながら、がんが胃の粘膜の下まで広がっていたり、リンパ節や他の臓器に転移していたりする場合は、開腹手術や抗がん剤治療を受けることになる [図表3－26]。

図表3－26　**胃がん罹患社員の就労上のポイント**

- 胃を内視鏡で治療した場合
  - →年次有給休暇の範囲内で対応可能。職場復帰後も、今までどおり働くことができる
- 胃を手術で大きく切除した場合など→療養が必要になる
  平均療養日数は、フルタイム勤務で124日（約4カ月）
  　　　　　　　　　　　　短時間勤務制度があれば62日（約2カ月）
- 分食が必要な場合が多い（朝食、10時、昼食、15時、夕食、21時におにぎり半分、バナナなどを食べる程度）
- 職場復帰しても、数年は、体力がなかなか元に戻らないこともある
  （食が細いため、体重が、手術前より5～10kg痩せたままでいることが多い）
  - →座り仕事、事務作業等であれば、十分に就労は可能。立ち仕事は難しい
  - →汗を多量にかくような場所での作業は、控えたほうがよい
  - →通勤ラッシュや長時間の車通勤ができるほどの体力はない
    （誰かのサブであれば、営業についていくことはできるが、体力がない）
- 職場復帰後の5年勤務継続率は男性62.1％、女性63.1％
- 抗がん剤の副作用、再発などには、復職後、注意が必要

胃を手術でどれだけ切除するかにもよるが、胃の摘出手術後から、さまざまな症状が認められる。手術による傷跡の痛みだけでなく、ダンピング症候群などの症状を認めることがある。ダンピング症候群とは、胃切除の手術を受けた後、食べた物を溜めておく胃がないために、小腸に直接、炭水化物が流入することで起こる症状である。胃部の不快感、気持ちの悪さ（悪心など）、冷や汗、動悸、だるさなどを引き起こし、胃切除後も年単位でそれらの症状が残るなど、多くの胃がん罹患社員の生活の質を下げている症状であり、特に昼食時には、吐き気や下痢など体調を崩すことが少なくなく、昼食の時間をずらして（午前11時30分から12時30分までなど）、ゆっくり取ったりするなどの配慮が望ましい。胃を切除している場合、職場で分食（朝・昼・夕食の3食以外に、午前10時、午後3時に、おにぎりを半分、バナナを食べる程度）のための離席の時間と場所（休憩室でよい）の確保への配慮が望ましい。

　胃切除術をした胃がん罹患社員は、食が細く、「食べる」ことを「義務」のように感じながら食事をしている。体重は、手術前と比べて5〜10kg減少し、体力低下を招きやすいことが知られている。

　筆者の研究でも、復職時の産業医の意見書において「短時間勤務が望ましい」という判断が多かったのも胃がん罹患社員である。食べることのつらさ・体調不良や体力低下に苦しんでいることも少なくないので、復職日から1年間は、短時間勤務制度の適用、軽い仕事などへの配慮が望ましい。

　「座り仕事、事務作業」、そして「"サブ"的な業務」を、復職後1年は継続させることにも配慮したい。立ち仕事ができる場合もあるが、体力が戻っていないと難しく、熱源に近く大量に汗をかくような場所での作業は控えたほうがよいだろう。

　手術の影響は、他のがん種よりも長期間（数年以上）残りやすいが、少しずつ業務に慣れさせれば、復職して数年後には業務をこなせるようになる。筆者らの研究でも、胃がん罹患社員は、職場が一定の配慮さえ

すれば、復職後10年以上は平均して働けることが明らかとなっている。

　大腸がんといっても、直腸がん、S状結腸がんといったがんの部位や手術方法、人工肛門の造設などにより、症状は大きく異なる [**図表3－27**]。
　大腸がん罹患社員の療養後の症状として、手術後は癒着（腸と腸がくっつくこと）などによる腹部の違和感、排便回数の増加などが知られている。特に直腸は、便を溜める消化管であり、直腸を切除した場合、下痢、頻回の便意、便失禁などの症状を来すことがあり、これらの症状が就労阻害要因となり得る。1日5～10回程度トイレのために離席することにならざるを得ない。そのため、総務や営業のバックヤード部門な

図表3－27　大腸がん罹患社員の就労上のポイント

- 大腸を内視鏡で治療した場合
    - →年次有給休暇の範囲内で対応可能。職場復帰後も、今までどおり働くことができる
- 大腸を手術で大きく切除した場合
    - 平均療養日数は、フルタイム勤務で136.5日（約4カ月半）
    - 短時間勤務制度があれば66.5日（約2カ月）
- 下痢や便秘になることが多い
- 1日5～10回程度トイレに行くために、離席せざるを得ないことが多い（特に直腸がん）
    - →座り仕事、事務作業等であれば、十分に就労は可能。立ち仕事は難しい
    - →通勤ラッシュや長時間の自動車の運転は、トイレに不安があるため、通勤時間帯の通勤は難しい（誰かのサブであれば、営業についていくことはできるが、すぐにトイレがある環境が望ましい。地方の営業は特に難しいと思われる）
- 職場復帰後の5年勤務継続率は男性57.5%
- 抗がん剤の副作用、大腸がんの再発等には、復職後、注意が必要

どの事務作業で、離席が比較的しやすい仕事が望ましい。製造業でライ
ンに入る作業や、1人で行う工程での作業、長時間の自動車の運転や公
共交通機関を使った移動を伴う営業などは1年間は難しい。特に、周り
にコンビニや駅のトイレがないような地方の営業活動は難しいため、い
つでもトイレに駆け込めるような固定業務が望ましい。また、通勤ラッ
シュなど混みあった車内で容易にトイレに行けないといった環境も、大
腸がん罹患社員にとっては毎日の通勤の難しさにつながる。

　大腸がん罹患社員は、トイレに不安を抱えることがあるが、筆者らの
研究でも、職場が一定の配慮さえすれば、復職後は平均すると8年は働
けることが明らかとなっており、せめて、復職日から1～2年間の配慮
があるとありがたい。

4　がんで離職させないためのポイントは「十分な病休期間」と「短時間勤務制度」

　「がんと就労」については、社会的に注目を浴びているが、まだまだ両
立しづらい現状にある。さまざまな大企業、中小企業の産業医として、
疾患を抱えた労働者の就労支援を実施してきた筆者の現場の感覚では、
がんと就労の両立支援がそれなりに充実しているのは、大企業と社員へ
の配慮がある一部の中小企業のみであり、大多数の中小企業の社員や契
約社員・パート社員・派遣社員ががんに罹患して年次有給休暇では足り
ない中で療養や通院が必要となった場合、復職や勤務継続しづらい現状
にある。50人未満の多くの企業は、組織的に両立支援ができるほど経済
的にも人員的にも余裕がないのが否めないが、筆者としては、50～1000
人規模の企業こそ、「がんと就労の両立支援」に力を入れてほしいと考え
ている　**［図表3-28］**。

　がん罹患社員の離職予防に最も効果がある二本柱は、「病休制度」と
「短時間勤務制度」である。

がん治療と就労の両立支援の効果が高い事業所規模

「がん治療と就労の両立支援」の効果が最も高いのは、社員数50人～1000人規模の事業所

社 員 数	1,001人以上	201～1,000人	50～200人	30～49人	30人未満
身分保障期間	1年～数年	約1年	数カ月～1年 （裁量多）	数カ月 （裁量）	？
短時間勤務制度	なしが多い （期間限定で ありの企業も）	なし （基本）	なし （裁量）	なし （裁量）	なし

5 改正がん対策基本法への期待と診療報酬改定

　妊娠・出産・育児、そして介護については育児・介護休業法が整備されているため、「育児と就労」「介護と就労」の両立支援は、大企業を中心として取り組みが進むようになった。

　しかしながら、20～60歳の就労世代が、ある日突然、がんと診断されて治療しなければならなくなったとき、がん罹患社員の雇用を必ず守ってくれる法律はない。2016年12月16日、改正がん対策基本法が公布・施行された。がん患者が安心して暮らせる社会の構築を目指し、8条において「事業主は、がん患者の雇用の継続等に配慮するよう努めるとともに、国及び地方公共団体が講ずるがん対策に協力するよう努めるものとする」（努力義務）ことが定められた。今後、本法律によって、少しずつ、がん罹患社員の雇用継続に関する事項、例えば、①身分保障期間の設定（病休開始日から1年の病休制度は必須等）、②期間限定（復職後1年）の短時間勤務制度の設定、③（復職後の治療と就労の両立のための）病気休暇の設定を含めた選択制がん罹患社員用就業規則が各企業で設定されることを期待したい。

　がん患者の就労支援に関する診療報酬加算により、がん拠点病院では、がん患者の就労支援を積極的に行うようになりつつある **[図表 3 － 29]**。

図表 3 − 29 がん患者の治療と就労の両立に向けた支援の充実

2018年度の診療報酬改定
- 療養・就労両立支援指導料（1000点← 6 カ月に 1 回）
- 相談体制充実加算（500点）
  - 療養環境の調整に係る相談窓口の設置。専任の看護師または社会福祉士の配置
  - 相談窓口などにおいて患者からの相談に応じる体制があることを周知
    ←両立支援コーディネーターの研修の受講が望ましい

基本：両立支援のガイドラインに基づいて対応する
【算定要件（以下のすべてを行った場合に算定）】
①治療担当医が症状、治療計画、就労上必要な配慮などについて、産業医宛
　てに文書で診療情報を提供
②医師、その指示を受けた看護師あるいは社会福祉士が、病状や治療による
　状態変化などに応じた就労上の留意点に係る指導
③産業医から治療継続などのための助言を、治療担当医が取得する
④産業医の助言を踏まえ、医師が治療計画を見直し・再検討する

この診療報酬加算は、産業医との連携が必須であるため、対象は主に大企業となるが、主治医と産業医の連携により就労支援がより円滑に進むことが期待される。

6 ホームページ「順天堂発・がん治療と就労の両立支援ガイド」

　順天堂大学を中心とした厚生労働省研究班「がん患者の就労継続及び職場復帰に資する研究」（班長：遠藤源樹）では、「がん治療と就労の両立支援」に関する研究や就労支援ツールを開発してきた経緯から、ホームページ「順天堂発・がん治療と就労の両立支援ガイド」を開設した（「がん　就労　順天堂」で検索、サイト構成の詳細は巻末資料を参照）。
　ホームページ内には、次の項目を掲載している **[図表 3 − 30]**。
①医療機関向けがん患者就労支援事業窓口（がん健カード）
②主治医と産業医の連携ガイド
③がん種別治療モデルカレンダー

④選択制がん罹患社員用就業規則標準フォーマット

⑤がん治療と就労のエビデンスブック

⑥企業向け・がん罹患社員用就労支援ガイド

※サイトの主要項目の紹介は、「巻末資料」に掲載している。

第4章
脳卒中・心筋梗塞罹患社員の実務対応

スペイン、バルセロナのサグラダ・ファミリア

1 就労世代の脳卒中

1 脳卒中の約20％は、就労世代で発生

　筆者が行った「大企業病休実態調査」が示していたとおり、就労が困難になる疾患の第3位が脳卒中である。脳卒中は、脳の血管が詰まったりする脳梗塞、脳の血管が破れたりする脳内出血、くも膜下出血の三つが代表的である [**図表4－1**]。一般的には、高齢者の病気と考えられがちだが、脳卒中の約20％は、就労世代に発生している。脳卒中は、さまざまな後遺症を伴うことが少なくないため、医療費などの直接的なコストがかかるだけでなく、生産性やQOL（Quality of Life：生活の質）の低下などを招く可能性がある。脳卒中罹患後の復職は、産業保健サービス上、重要な成果であるだけでなく、日本の労働力を保つ意味でも極めて重要である。

図表4－1　脳血管疾患の死亡率の推移

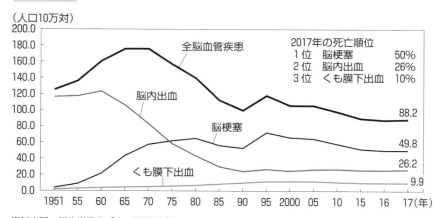

資料出所：厚生労働省「人口動態調査」

2 今後、就労世代の脳卒中サバイバーの増加が見込まれる

　脳卒中は、がんに比べると就労世代の罹患率は低いが、運動障害や構音障害（編注：ろれつが回らないなど発音が正しくできない症状）などの後遺症を伴うことが知られており、復職後のQOL（Quality of Life：生活の質）の低下等につながりやすい。脳卒中を死亡率で見ると約5割が脳梗塞、約3割が脳内出血、約1割がくも膜下出血である**[図表4−1]**。1951年当時と比較すると、現在は医療の進歩と公衆衛生の向上により、格段に死亡率が減少した　**[図表4−2]**。

　しかしながら、定年年齢の引き上げ等により、就労世代の脳卒中サバイバー数の増加が見込まれており、脳卒中罹患後に復職した社員に対する就労支援は、今後ますます重要性を増していくであろう。特に、中小企業の総務人事労務担当者ほど、脳卒中後の社員に対応した経験が少ない、あるいは前例がなく、「復職についてどうしたらよいのか分からない」「脳卒中で後遺症がある社員を抱えるほど人件費に余裕がない」などの声がよく聞かれる。

図表4−2　**脳血管疾患の年齢調整死亡率の推移**

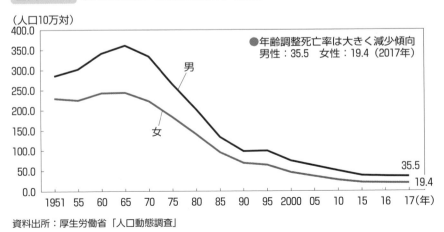

資料出所：厚生労働省「人口動態調査」

脳卒中は寒冷地域の住民に多く、日本の脳血管疾患の死亡率は先進国の中では高い

　脳卒中は寒冷地域の住民に多いことが知られている。日本では、東北地方、特に北東北地方（秋田県、青森県、岩手県）に脳卒中発生割合が高い。寒冷地域に脳卒中が多いのは、多量飲酒と塩分摂取量の多さが背景にあると考えられる。

　脳血管疾患の年齢調整死亡率について国際比較すると、日本人は塩分摂取量が多いことが影響し、日本の死亡率は先進国の中では高いほうに属する【図表４－３】。塩分摂取量が多くなれば高血圧になるリスクが高くなり、高血圧は脳血管疾患の大きな要因となることが知られている。

　和食はしょうゆや塩で味付けすることが多く、また、うどんやラーメンなどの麺類は特に塩分量が多い。和食は健康によいというイメージがあるが、それは脂が少ないというだけで、脳卒中の予防の観点から考えると、高塩分食であり、脳卒中に罹患するリスクは高い。

図表４－３　**脳血管疾患の年齢調整死亡率の国際比較（男性）**

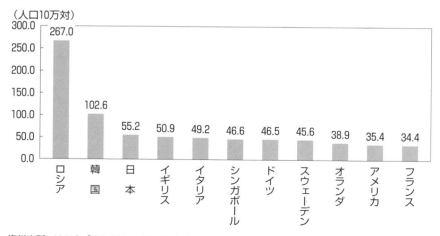

資料出所：WHO「World Health Statistics」

　[図表4-4]に脳卒中の危険因子を示した。脳卒中の中でも脳梗塞は、塞栓症と血栓症の大きく二つに分かれる。塞栓症は主に、心房細動などの不整脈や弁膜症によって心臓の中にできた血液の塊が脳の血管まで飛んで、脳梗塞になることである。心房細動や弁膜症などがある場合は、「血液をサラサラにする薬」、つまり、抗血栓薬を内服し続けなければならない。一方、血栓症も、脳の血管が詰まって脳梗塞になることで、「アテローム性脳梗塞」と「ラクナ梗塞」がある。

　脳の血管が脂でドロドロと固まってふさがってしまう「アテローム性脳梗塞」は、脂質異常症、耐糖能異常（糖尿病）、喫煙、肥満、運動不足などが原因で起こる。

　日本人に最も多い脳梗塞が「ラクナ梗塞」で、脳の小さな血管が傷むことによって生じる。ラクナ梗塞の主な原因は高血圧であることから、塩分の取り過ぎなどがその背景にある。

　脳内出血のリスクファクターも高血圧である。脳内出血の死亡率は激減したものの、依然として少なくない。くも膜下出血のリスクファクターは、脳動脈瘤、脳動静脈奇形、もやもや病などが知られており、早期発

図表4-4　**脳卒中のリスクファクター**

> 【脳梗塞のリスクファクター】
> ⑴塞栓症：心原性脳塞栓症（心房細動、弁膜症）
> ⑵血栓症
> 　アテローム性脳梗塞：脂質異常症、耐糖能異常、喫煙、肥満、運動不足
> 　ラクナ梗塞（最多）：高血圧、食塩の多量摂取
>
> 【脳内出血のリスクファクター】
> 　高血圧、食塩の多量摂取、多量飲酒、家族歴、加齢、冬期寒冷
>
> 【くも膜下出血のリスクファクター】
> 　脳動脈瘤、脳動静脈奇形、もやもや病

見には「脳ドック」の受診が重要である。

　脳卒中は、定期健康診断の項目である血圧、脂質（中性脂肪、HDLコレステロール、LDLコレステロール等）、血糖（耐糖能異常）、喫煙などと深い関係にあり、健康診断を受診後、その結果を確認して、生活習慣を改善することにより予防できる可能性が高い。

　厚生労働省では、脳卒中や心筋梗塞などの脳疾患・循環器疾患を予防するために、その危険因子である「高血圧（収縮期血圧を4mmHg下げる）」「脂質異常症（高コレステロール血症者の割合を25％減少させる）」「喫煙（40歳以上の禁煙希望者がすべて禁煙）」「糖尿病（有病率の増加抑制）」などの低減の重要性を提示している。これらの生活習慣病のうち、特に高血圧に対しては、栄養・食生活（特に塩分摂取量の減少、野菜・果物摂取量の増加、肥満者の減少）、身体活動・運動（歩数の増加、運動習慣者の割合の増加）、飲酒（生活習慣病のリスクを高める量を飲酒している者の割合の減少）、降圧剤服用率10％の増加などを危険因子低減に向けた目標設定としている **[図表4−5]**。

5　脳卒中の予防策

　脳卒中にならないためには、まず高血圧予防である。高血圧の場合は、多量飲酒も関連があり、休肝日を週に2日確保し、飲酒量は1日多くても日本酒なら2合（日本酒1合［180ml］は、ビール500ml、焼酎110ml、ウイスキー60ml、ワイン200mlに相当）までに制限するのが望ましい。また、減塩のために麺類は週に2回までにして、ラーメンやうどん、そばの汁を残す。しょうゆやソース、ポン酢をかけるのではなく、つけるほうが減塩になる（例えば、とんかつの上からソースをかけるのではなく、とんかつにソースを軽くつける）。みそ汁は1日1杯まで（みそ汁1杯に約2gの塩分が含まれる）、チーズやソーセージなどの保存食には塩分が多く含まれるため、摂取量を少なくするのが望ましい。また、睡眠

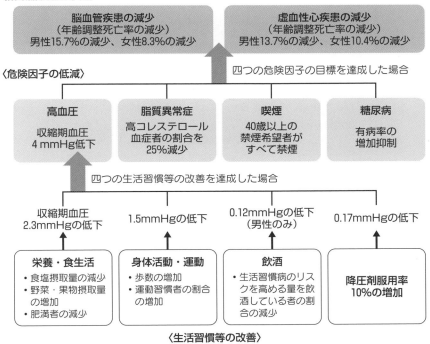

図表4-5 循環器疾患の目標設定の考え方

〈循環器疾患の予防〉

脳血管疾患の減少
（年齢調整死亡率の減少）
男性15.7%の減少、女性8.3%の減少

虚血性心疾患の減少
（年齢調整死亡率の減少）
男性13.7%の減少、女性10.4%の減少

〈危険因子の低減〉
四つの危険因子の目標を達成した場合

高血圧
収縮期血圧
4 mmHg低下

脂質異常症
高コレステロール
血症者の割合を
25%減少

喫煙
40歳以上の
禁煙希望者が
すべて禁煙

糖尿病
有病率の
増加抑制

四つの生活習慣等の改善を達成した場合

収縮期血圧
2.3mmHgの低下

1.5mmHgの低下

0.12mmHgの低下
（男性のみ）

0.17mmHgの低下

栄養・食生活
・食塩摂取量の減少
・野菜・果物摂取量
の増加
・肥満者の減少

身体活動・運動
・歩数の増加
・運動習慣者の割合
の増加

飲酒
・生活習慣病のリス
クを高める量を飲
酒している者の割
合の減少

降圧剤服用率
10%の増加

〈生活習慣等の改善〉

資料出所：厚生労働省「健康日本21（第2次）の推進に関する参考資料」

時間を少なくとも6時間以上確保するなど質のよい睡眠を十分にとることも重要である。さらに、寒さ対策として、特に10月から冬にかけては、暖かい所から寒い所に行くとき（自宅から出るとき、夜中に布団から出て冷えたトイレに行くときなど）に注意が必要である **[図表4-6]**。

　そして、健康診断で高血圧のために「すぐに医療機関を受診して、医師に相談してください」と記載されている場合は、そのまま放置せず、循環器内科を受診してほしい。

図表 4 - 6　脳卒中にならないために

---

①**高血圧予防**
　　睡眠を十分にとる（睡眠時間 6 時間以上）
　　酒　　　　 1 日多くて日本酒で 2 合まで、休肝日を週に 2 日
　　減塩　　　麺類は週に 2 回まで、汁は残す
　　　　　　　しょうゆ、ソース、ポン酢は軽くつける
　　　　　　　みそ汁は 1 日 1 杯まで
　　　　　　　チーズ、ソーセージ、ハムなどの保存食はほどほどに
②**寒さ対策**（暖かい所から寒い所へ行くとき、倒れやすい）
③**健康診断後**　健康診断で「医師に相談してください」と書いて
　　　　　　　あった方は、病院を受診しましょう

6　脳・心臓疾患の引き金となり得る長時間労働

　就労世代の脳卒中を議論する中で避けられない話題が「過労死」である。「過労死」は、1978年に杏林大学医学部の上畑鉄之丞氏が日本産業衛生学会で発言した「過重労働が誘因となって高血圧や動脈硬化が悪化し、脳出血、くも膜下出血、脳梗塞などの脳血管疾患や心筋梗塞などの虚血性心疾患などを発症し、永久的労働不能や死亡に至った状態」のことである。過労死は、英語で「KAROSHI」としても知られている。長時間労働や不規則な勤務、深夜勤務等により過度の疲労が蓄積し、動脈硬化が、その自然経過を超えて、著しく増悪した結果により生じると考えられている。

　厚生労働省は、2001年に長時間の過重労働による疲労の蓄積が脳卒中や心筋梗塞の引き金になり得るとし、脳・心臓疾患の労災認定基準を定めている。

　長時間労働が健康障害（脳卒中や心筋梗塞など）を引き起こすメカニズムを単純化して示すと、**[図表 4 - 7]** のようになる。

　1 日24時間のうち、労働時間を 8 時間、昼休み 1 時間、通勤 1 時間、食事・風呂・団らんを 4 時間と仮定すると、残りは10時間となる。残業

時間が1日2時間の場合の睡眠時間は8時間となるが、残業時間が1日5時間になれば睡眠時間は5時間となってしまう。残業時間が増えると、その分、睡眠時間が少なくなり、高血圧、糖尿病に罹患しやすくなり、結果、脳卒中などの疾患にかかりやすくなる [**図表4-8**]。

図表4-7 **過労死に至るまでの経緯**

長時間労働、不規則な勤務、深夜勤務など

疲労の過度の蓄積

動脈硬化が、その自然経過を超えて、著しく増悪（高血圧、耐糖能異常等）

①脳血管疾患
　脳梗塞など、脳内出血、くも膜下出血
②虚血性心疾患
　狭心症、心筋梗塞、解離性大動脈瘤、心停止など

図表4-8 **残業時間と睡眠時間の例**

1日を24時間として
◆おおよその人間として必要な仕事以外の生活時間
　昼休み1時間　通勤1時間　食事・風呂・団らん4時間
◆基本労働時間8時間
◆残り10時間

－時間－

睡眠時間	5	6	7	8
1日残業時間	5	4	3	2
月残業時間	100	80	60	40

7 日本で初めての職域ベースの脳卒中罹患社員復職コホート研究

　筆者が行った「脳卒中患者の復職後の5年勤務継続率と就労上の課題」
は、日本で初めての職域ベースの脳卒中罹患社員復職コホート研究であ
り、脳卒中罹患社員の就労実態を明らかにした。2000年1月1日から
2011年12月31日までの12年間に、脳梗塞、脳内出血、くも膜下出血を新規
で発症して療養となった大企業の社員を対象に調査した結果、12年間の
フォローアップ期間中、380人が脳卒中により病休となった**[図表4-9]**。

　脳卒中に罹患した社員380人のうち、男性332人（87.4％）、女性48人
（12.6％）、平均年齢は52.7歳であった。病休開始日から短時間勤務を含め
た復職までの療養期間の中央値は106日（約3カ月半）、フルタイム勤務
までの日数の中央値は259日（約8カ月半）であった。

　脳卒中罹患社員は、がん罹患社員に比べて病休日数が長い傾向にあり、
中でも脳内出血は脳梗塞より長いことが分かった。病休開始日から60日、
120日、180日、365日までのフルタイム勤務での累積復職率は、それぞ
れ、15.1％、33.6％、43.5％、62.4％であった**[図表4-10]**。

8 脳卒中罹患社員の復職後の状況

　脳卒中罹患社員が療養後1年以内に職場へ復職できたのは、283人（男
性250人、女性33人）で、脳梗塞164人（58.0％）、脳内出血68人（24.0％）、
くも膜下出血51人（18.0％）であった。脳卒中全体の5年勤務継続率は
59.0％だった**[図表4-11]**。復職後に再病休したのは84人。つまり、「脳
卒中罹患社員の復職支援」を充実させれば、約6割は復職後も治療と就
労を両立できることを示唆している。

　脳卒中罹患社員の復職後の5年再病休率（死亡を含む）は33.4％であ
り、復職後の5年依願退職率は7.6％であった**[図表4-12]**。

　脳卒中罹患社員の復職後の再病休は、復職後1年間に多いが、復職後

脳卒中サバイバーの療養開始日から1年経過後までの転帰と基本属性（n＝380）

変　数	合計	1.死亡	2.退職	3.病休継続	4.復職	フルタイム復職	短時間勤務で復職	時短／フルタイム勤務の比	復職までの療養日数の中央値（日）	フルタイム復職までの療養日数の中央値（日）
年齢										
49歳以下	96	3	3	13	77	14	63	4.5	97	180
50歳以上	284	6	23	49	206	55	151	2.7	108	276
性別										
男性	332	8	22	52	250	62	188	3.0	98	245
女性	48	1	4	10	33	7	26	3.7	134	352
地域										
田園部	111	3	7	16	85	23	62	2.7	99	220
都市部	269	6	19	46	198	46	152	3.3	107	265
職種										
デスクワーカー等	88	0	2	13	73	20	53	2.7	74	192
身体を主に使う労働者	292	9	24	49	210	49	161	3.3	118	273
管理職の有無										
非管理職	358	9	24	62	263	63	200	3.2	107	268
管理職	22	0	2	0	20	6	14	2.3	86	133
脳卒中の種別										
脳梗塞	196	4	9	19	164	43	121	2.8	67	174
脳内出血	119	4	13	34	68	15	53	3.5	206	
くも膜下出血	65	1	4	9	51	11	40	3.6	117	262
脳卒中全体	380	9	26	62	283	69	214	3.1	106	259

資料出所：Endo et al. BMJ Open, 2016（［図表 4 −10］も同じ）

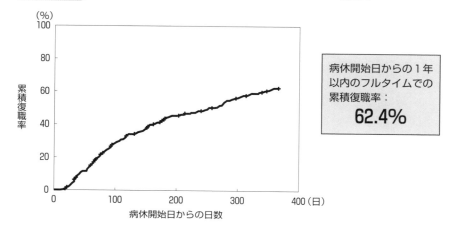

図表 4 −10　脳卒中罹患社員の病休開始日からフルタイムでの復職率

病休開始日からの１年以内のフルタイムでの累積復職率：

62.4%

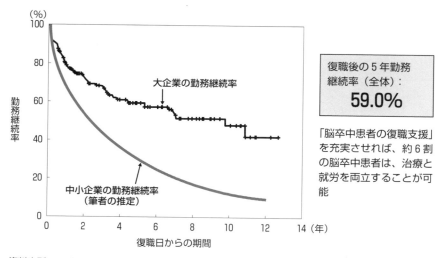

図表 4 −11　脳卒中罹患社員の復職後の勤務継続率

復職後の５年勤務継続率（全体）：
59.0%

「脳卒中患者の復職支援」を充実させれば、約６割の脳卒中患者は、治療と就労を両立することが可能

資料出所：Endo et al. International Archives of occupational and environmental health, 2018（[図表 4 −12] も同じ）

再病休は、復職後１年間に多いが、復職後数年間は、脳卒中の再発なども少なくない。
依願退職は、復職後２年間に集中している。
←復職後の数年間が、脳卒中の治療と就労の両立上、とても大切

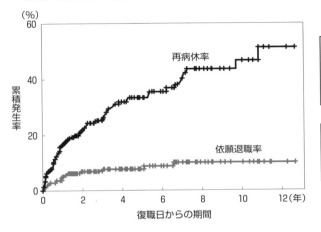

数年間は、脳卒中の再発などにより再病休に至ることも少なくないこと
が分かった。依願退職は、復職後２年間に集中していたことが明らかと
なった。脳卒中罹患社員の復職後の再病休は復職してから１年に集中し、
時間の経過とともに再病休の発生は少なくなる傾向を示した。依願退職
の防止、再発に対するケアの二つの意味で、復職後の２年間は脳卒中の
治療と就労の両立支援を図っていく上で重要な時期であることが分かる。
　脳卒中から復職した者が再病休する原因は、必ずしも脳卒中に限らな
い。再病休の原因の内訳は、約57％が脳卒中・心筋梗塞などによるもの
だったが、次いで、メンタルヘルス不調によるものが約21％、通勤途上・
自宅などでの骨折によるものが約10％となっている。脳卒中からの復職
後は、再発予防とともにメンタルヘルスケアと骨折の予防がポイントに
なることが示唆された　[図表 4 − 13、 4 − 14]。

脳卒中は、罹患後のうつ病や意欲の低下・活動性の減退が起こることが少なくない。うつ病は脳の特定の部位の障害によって発症したり、少しずつストレスに対する閾値が低下することでストレスに対する耐性が下がり発症するといわれているが、うつ病とも言い切れない事例も少なくない。意欲の低下や活動性の減退は抑うつ気分では目立たないのが特徴で、うつ病で認められる日内変動（朝は気分が悪くて、夕方に回復してくる）はほとんどない。

図表 4 −13　**脳卒中とうつ病・意欲低下**

脳卒中患者の再病休のうち、
メンタルヘルス不調が占める割合が大きい（約21%）

脳卒中後にうつ病の発症は少なくない
（脳卒中発症 4 カ月後のうつ病発症率23%）

①脳卒中→脳の特定の部位の障害→うつ病の発症
②脳卒中→少しずつストレスに対する閾値が低下
　　　　　→ストレスに対して耐性が下がる→うつ病の発症

意欲の低下や活動性の減退
抑うつ気分は目立たない
日内変動（朝は気分が悪く、夕方に回復してくる）はほとんどない

図表 4 −14　**脳卒中と骨折**

脳卒中患者の再病休のうち、
骨折の割合が少なくない（約10%）
→通勤途上等の階段での骨折が多かった

脳卒中後の骨折は
①大腿骨頸部骨折が多い（健常者の 2 〜 4 倍）
②転倒はバランス能と筋力低下に起因

脳卒中の療養中・復職後に主治医と産業保健スタッフが適切に連携を図り、脳卒中後のメンタルヘルス不調の予防に努めることが重要である。

脳卒中の療養中・復職後の再病休のうち約10％が、通勤途上や自宅の階段などでの転倒による骨折だった。転倒はバランス能と筋力低下に起因するものであり、運動障害・感覚障害など脳卒中罹患による後遺症と関連があると考えられる。そのため、脳卒中罹患社員が就労を継続できるよう、一定期間（例えば、復職日から6カ月や12カ月限定）の短時間勤務制度や時差出勤などの対応による通勤ラッシュの回避、階段の両側の手すりの設置、滑りにくい床への変更など、職場のバリアフリー化をはじめとする職場環境の整備を進めることで就労支援策を充実していくことが望ましい [図表4－15]。その際は、主治医と産業保健スタッフと職場とが連携することがポイントである。

[図表4－16] では、脳卒中罹患社員用の復職判定チェックリストを作成したので、参考にしてほしい。

図表4－15 **脳卒中後の就労支援策**

フルタイム復職率（病休開始日から1年）：62.4％
復職後の5年勤務継続率：59.0％
復職後の5年再病休率：33.4％
再病休の内訳：脳卒中・心筋梗塞の再発（約57％）
メンタルヘルス不調（約21％）
通勤途上等の骨折（約10％）

〈脳卒中の治療と就労の両立支援のために〉
①短時間勤務制度の導入
②事務作業・座り仕事への配置転換の推奨
③時差出勤等の通勤ラッシュ回避
④職場のバリアフリー化（特に階段）
⑤メンタルヘルスのケア・フォローアップ

□主治医から「復職可能」の診断書を確認
□治療状況の確認
　　　□受診中の医療機関：　　　　　　　　　　　□主治医の名前：
　　　□病名：
　　　□現在内服薬のリスト：
　　　□今後の受診間隔：（　　　　）に 1 回
　　　□今後の検査：
　　　□今後のリハビリテーション計画：
□体力が就労に耐え得る状態である
　　　「療養前の元気な時の体力を100%とすると、今は（　　　）%」
　　　　　　　　　　　　　　　　　　　（就労の目安：70%以上）
□生活に支障を来すほどの症状ではない
　　　□運動障害
　　　□感覚障害
　　　□嚥下障害
　　　□その他（　　　　　　　　　　　）
□睡眠状態は良好で、メンタルヘルス不調の兆候はない（睡眠・精神面）
　　　睡眠時間：＿＿時間、入眠時刻：＿＿時＿＿分　起床時刻：＿＿時＿＿分
　　　□入眠困難　　　□中途覚醒　　　□早朝覚醒
　　　□朝寝・昼寝を週 2 日以上する　　　□気分の落ち込みがある
　　　□不安感・焦りが強い　　　　　　□その他（　　　　　　　　　　）
　　　□精神科医等のフォローアップが必要
□復職する意思が十分にある（就労意欲）
□職場での配慮が必要な状況である（就業上の措置等の検討）
　　　□フルタイム勤務が難しい　　　□時間外労働は難しい　　　□夜勤は難しい
　　　□身体に負荷がかかる作業は難しい　　　□高所作業は難しい
　　　□通常の歩行に配慮が必要である
　　　□その他の懸念（　　　　　　　　　　　　　　　　　　　　）
□毎日（週 5 日）、決められた時間に通勤できる状態である（通勤）
　　　通勤経路：　　　　　　　　　　　　　　　（通勤時間：　　　　　　）
□就労に必要な頭脳労働・肉体労働が可能（労働能力）
　　　□求められる担務を実施可能
　　　□職場での良好な人間関係の構築が可能
□職場が、復職を受け入れるスタンス、受け入れ可能である（復職支援）
　　　受け入れ職場：　　　　　　　　　　　　（例：営業部営業 2 課等）
　　　直属の上司　：　　　　　　　　　　　　（例：○○部長）

2 就労世代の心筋梗塞

　日本は、先進国で最も虚血性心疾患が少ない国である。日本人は高血圧が多いため、どちらかというと脳卒中が多い。しかしながら、今後、都市部の男性を中心に虚血性心疾患が増える可能性が高いことが示されており、予防が重要になってくる **[図表 4 −17]**。これはあくまで筆者の推定であるが、都市部の男性を中心に、欧米型の食習慣の影響（ラーメン、焼肉など）が強いのではないかと思われる。女性は、女性ホルモンの影響で、男性に比べて脳卒中や心筋梗塞になりにくい。

図表 4 −17　**虚血性心疾患の死亡率の推移（男性）**

今後、都市部の男性を中心に、虚血性心疾患が増加することが見込まれている。

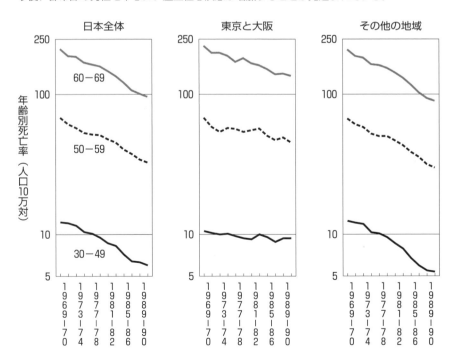

1 心筋梗塞を引き起こす危険因子

心臓の筋肉（心筋）の細胞に必要な酸素を送る血管である冠動脈が狭くなったり（狭窄）、詰まったり（閉塞）する病気を虚血性心疾患（Ischemic Heart Disease：IHD）という。動脈が狭くなるのが狭心症であり、心筋の壊死にまで至ったものが心筋梗塞である。

心筋梗塞の危険因子のうち、変えられない因子としては、男性、閉経、高齢、家族歴、既往歴（一度、心筋梗塞になったことがある）が知られている。

一方、生活習慣で変えられる因子としては、高血圧、脂質異常症（高LDL血症、高トリグリセライド血症、低HDL血症）、喫煙、耐糖能異常（糖尿病）、肥満などがある。

健康診断で、高血圧、脂質異常症、耐糖能異常、喫煙などの心筋梗塞のリスクファクターが高いと判定された社員に対しては、内科への受診勧奨、健康保険組合からの特定保健指導、産業医等によるフォローアップ面談などを行うことが重要である。

2 がんや脳卒中に比べて、心筋梗塞罹患社員の復職率は極めて高い

心筋梗塞罹患社員のフルタイム勤務での累積復職率は極めて高く、病休開始日から6カ月後で81.7％、12カ月後で90.2％であった。これは、がんや脳卒中に比べて高い。また、フルタイム勤務での復職までの中央値は69日であり、がん201日、脳卒中259日と比べると格段に短いことがよく分かる　[図表4-18]。

心筋梗塞は、発症からできる限り早く治療を行う必要があり、突然死も少なくないが、早期の治療介入ができれば、復職できる確率は格段に高くなると考えられる。

[図表4-19] は、メンタルヘルス不調、がん、脳卒中の復職日以降の

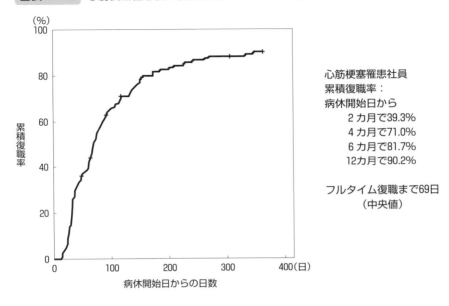

図表 4 –18　心筋梗塞罹患後の復職状況（フルタイム勤務）

心筋梗塞罹患社員
累積復職率：
病休開始日から
　　2カ月で39.3%
　　4カ月で71.0%
　　6カ月で81.7%
　12カ月で90.2%

フルタイム復職まで69日
　　（中央値）

再病休率と再病休の内訳を示している。再病休率が高いのは、メンタルヘルス不調、がん、脳卒中の順になっている。

　治療と就労の両立支援は、疾患ごとに特徴があるが、企業が復職支援体制を充実させていけば、十分に就労継続は可能である。

図表 4 - 19 疾患別の復職後の再病休率とその内訳

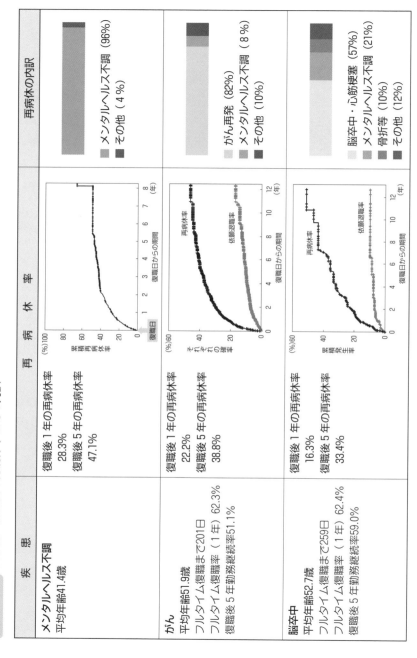

第5章
不妊治療・妊娠・育児中の社員への実務対応

ニュージーランド・ウェリントン

1 女性の社会進出とともに多様化する ライフイベントとキャリア

　日本では出生数が減って少子化が進んでいる。第2次世界大戦直後の1947年の出生数は約270万人であったが、1971〜74年の第2次ベビーブーム期には約210万人、1975年に200万人を割り込み、それ以降、減少傾向となっている。2018年の出生数は91万8397人であり、1947年の出生数の約3分の1となってしまった。少子化の傾向は、1970年ごろから歯止めがかかっていないことが推定される。

　[図表5−1] の合計特殊出生率とは、1人の女性（出産可能とされる15〜49歳まで）が一生の間に生む子どもの数のことである。1947年の合計特殊出生率は約4.54、つまり、1人の女性が約4.5人の子どもを出産し

図表5−1　合計特殊出生率と出生数の推移

日本の年間出生数は、1970年代前半の200万人から2016年には100万人を割り込み、2018年には91.8万人と過去最低を記録
合計特殊出生率は、1971年の2.16から、2005年には最低の1.26まで減少。
2015年には1.45まで持ち直したが、その後は減少を続け2018年には1.42

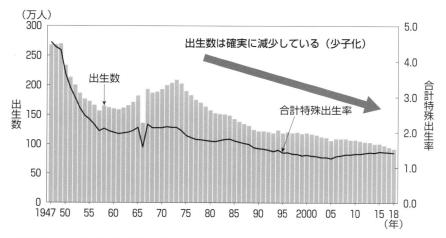

資料出所：厚生労働省「人口動態統計」

ていた。2018年の合計特殊出生率は1.42であり、現在 1 人の女性は約1.4
人の子どもを出産している。

　他国の合計特殊出生率と比較してみる**[図表 5 － 2]**。先進国の合計特
殊出生率は軒並み 2 未満であり、少子化が進行している。2016年の合計
特殊出生率はアメリカ1.82、イギリス1.79、フランス1.92である。アジア
諸国は、シンガポール1.20、韓国1.17で、日本よりも低くなっている。

　合計特殊出生率の減少の背景には、女性の社会進出とともに未婚化、
晩婚化があることが知られているが、アメリカは移民の流入により人口
減少に至っていない。

　日本の少子化による労働人口減少、経済衰退を食い止めるために、不
妊治療と就労・生活の両立、妊娠・育児と就労の両立、外国人労働者の
受け入れは、今後ますます重要な課題となるだろう。

図表 5 － 2　諸外国の合計特殊出生率の動き

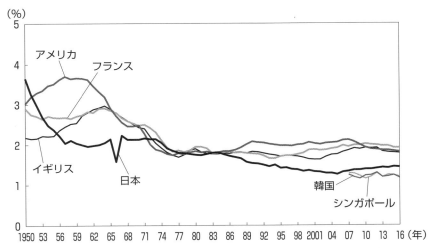

資料出所：諸外国の数値は1959年までUnited Nations "Demographic Yearbook" 等、1960～
　　　　　2015年はOECD Family database、2016年は各国統計、日本の数値は厚生労働省「人口
　　　　　動態統計」より内閣府作成
［注］　2016年のフランスの数値は2018年 5 月16日現在で暫定値となっている。

内閣府の『少子高齢化社会対策白書』（2018年）によると、女性の平均初婚年齢は上昇傾向にある**［図表5－3］**。1980年の平均初婚年齢は妻が25.2歳で、第1子出生時の母の平均年齢は26.4歳であった。かつては20代後半から30代にかけて出産することが多かった。2018年の平均初婚年齢は妻が29.4歳で、第1子出生時の母の平均年齢は30.7歳である。つまり、現在の出産は30代がメインとなってきている。女性のキャリアとして「18歳で高校を卒業、22歳で大学卒業、20代後半にかけて仕事を覚え、30歳前後で結婚、30代で妊娠・出産」といったステップが典型例といえるだろう。しかし、現代は皆が結婚を希望する時代でもなく、皆が子どもを持ちたいと考える時代でもない。仕事と家庭・プライベートの両立、仕事と不妊治療・生活との両立、仕事と妊娠・育児の両立を目指すには、さまざまな制約がある時代といっても過言ではない。

図表5－3　女性の平均初婚年齢と第1子出生時年齢の推移

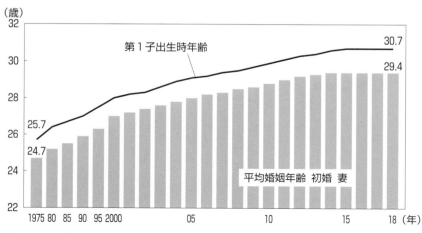

資料出所：厚生労働省「人口動態統計」

2 不妊治療中の社員への実務対応

1 不妊治療の実際

　1983年東北大学産婦人科にて、日本で初めての体外受精児が誕生して以来、日本の不妊治療は急速な勢いで発展してきた。現在、5.5組に1組の夫婦が不妊の検査や治療を行った経験がある。日本は世界で最も多く体外受精を行っている国（2017年、約45万件）であり、20〜40代の世代にとって、不妊治療、特に体外受精と就労との両立の問題に最も直面している **［図表5－4］**。

　急速に少子化が進む日本において、不妊治療と就労の両立支援は極めて重要である。厚生労働省の「人口動態統計」によると、女性の平均初婚年齢、第1子出生時における母親の年齢は上昇傾向にあり、母親の年齢が35歳以上の出産の割合は、この10年間で大きく増えている **［図表5－5］**。

図表5－4　**不妊治療の背景**

> **わが国の出生率は年々低下（国際的に見ても極めて低い水準）**
> **女性の晩婚化および晩産化**
> 　→女性の平均初婚年齢は29.4歳、第1子出生時年齢は30.7歳
> **女性の卵巣機能も年齢とともに低下**
> 　（卵巣内の卵子の質は35歳を超えると加速的に低下）
> **仕事をしながら不妊治療を行っている女性が増加**
> 　→体外受精と就労の両立は極めて重要な課題
> **日本の体外受精約45万サイクル（世界で最も体外受精をする国）**
> **生殖補助医療（ART：artificial reproductive technology）**
>
> 不妊治療には、排卵誘発剤による卵巣刺激、卵子を採取する採卵、体腔外で卵子と精子を受精する体外受精、培養後の受精卵（胚）を子宮内に移植する胚移植などを含み、個々の月経周期に合わせた頻回の通院が必要である。そのため、仕事をしている女性が不妊治療を行う上で、退職せずに就労を継続するのは困難であることが予想され、職場の理解が得られず、依願退職、解雇される労働者も少なくなく、経済的な支援も不可欠だと考えられる。

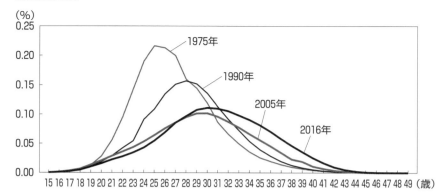

図表5－5　女性の年齢別出生率

資料出所：国立社会保障・人口問題研究所「人口統計資料集2018」を基に内閣府作成
［注］　女性の年齢別出生率は、（各歳別）出生数の総数を（各歳別）女性人口で除したものである。

　晩婚化、晩産化の影響により、加齢に伴う卵巣機能の低下も懸念される。女性は加齢に伴い妊娠にとって重要な卵子の質が低下することが知られており、特に35歳以降、その傾向が認められる。流産やダウン症などの染色体異常も加齢とともに増加することが分かっている。また、現代の女性によく見られる就労などに伴う過度のストレスや不規則な生活習慣なども不妊になりやすい原因である。

　人の1カ月の妊娠率は約20％であるが、「不妊」とは、「妊娠を望む健康な男女が避妊をしないで性交をしているにもかかわらず、一定期間妊娠しない」こととされ、日本産科婦人科学会では、この「一定期間」について「1年というのが一般的である」と定義している。不妊に悩む夫婦の割合は、国立社会保障・人口問題研究所の「出生動向調査」（2015年）によれば18.2％と全体の約2割に上る。

　不妊の原因は、男性側、女性側、あるいはその両方にある場合があるが、詳しく検査しても原因が分からないことも多い。通常、不妊治療の男性側の検査は精液検査であり、女性側の検査は基礎体温の測定やさまざまなホルモンの値の測定、子宮、卵巣、卵管の検査や感染症の検査な

どがある。これらの不妊のスクリーニング検査によって、原因が明らか
な不妊症と原因不明の不妊症に分かれるが、一般的には身体的・経済的
に負担の少ない治療法から選択される。不妊治療には、①タイミング法
（排卵日を推定して性交を促す方法）、②人工授精（排卵日に合わせて精
液を子宮内に注入する治療）、③体外受精（採卵術により採卵した卵子と
精子を体外で一緒にしてできた受精卵を子宮内に戻す治療）がある
[図表5−6]。

2 不妊治療への対応

　現在、わが国の全出生児の約5％以上は体外受精を活用した妊娠と推
定されており、30歳代半ばまでの女性での生児獲得は体外受精5回に1
回、40歳以降では20回に1回の確率で成功するという報告がある。
　不妊治療中の女性にとって、不妊症に関するさまざまな検査を受ける
時間を確保するために、遅刻・早退・休暇などで就労に支障を来すこと
がある（産業保健では「事例性を認める」という）。不妊治療のうち、前
述の①タイミング法と②人工授精は、一般的に就労に大きく影響するこ
とはないが、③体外受精は就労に大きく影響することが知られており、
不妊治療と就労の両立が難しい。体外受精は、卵巣過剰刺激症候群、子
宮外妊娠などの合併症を引き起こしやすいだけでなく、経済的な問題の
ほか、急に休まなければならなくなるなどの事情も複雑に絡んでくる。
排卵誘発剤などの薬物治療など保険適用される治療もあるが、体外受精
は基本的に保険適用されない。体外受精は高額な医療費がかかり、経済
的負担が大きいため、国では特定治療支援事業（体外受精および顕微授
精につき1回15万円〔初回に限り30万円まで〕、男性不妊治療につき15万
円〔初回に限り30万円まで〕を助成する。なお、年齢による回数や所得
の制限がある）を展開して不妊治療に要する費用の一部を助成している
[図表5−7]。

図表 5 − 6　不妊治療の流れ（概略図）

女性の検査
- ●一般的な検査
  - ・内診・経腟超音波検査
    ［子宮筋腫・卵巣のう腫・子宮内膜症などがないか］
  - ・子宮卵管造影検査
  - ・血液検査［ホルモン検査など］
- ●その他の検査
  - ・腹腔鏡検査・子宮鏡検査
    ［子宮内膜症や卵管周囲の癒着などがないか］
  - ・MRI検査

男性の検査
- ●一般的な検査
  - ・精液検査
    ［精液量、精子濃度、運動率の検討など］
- ●その他の検査
  （精液検査で疾患が疑われる場合）
  - ・泌尿器科的検査
  - ①診察［外陰部の診察、精索静脈瘤の有無など］
  - ②内分泌検査
  - ③染色体・遺伝子検査
  - ④特殊な検査［病状に応じた精巣の検査など］

不妊の要因となる状態を優先して治療する

女性不妊の要因
- ・子宮奇形　・卵管の障害
- ・子宮内膜症による癒着
- ・排卵障害や無月経など

→ **手術療法 薬物療法** ←

男性不妊の要因
- ・精管閉塞
- ・逆行性射精
- ・造精機能障害など

治療の効果がない、原因がわからない場合に夫婦間の排卵と受精を補助する

- ●**タイミング法**：排卵日を診断して性交のタイミングを合わせる　保険適用
- ●**排卵誘発法**：卵巣を薬物で刺激して排卵をおこさせる　保険適用
- ●**人工授精（AIH）**：精液から成熟精子だけを洗浄・回収して子宮に注入する

生殖補助医療（ART）
保険適用外：体外受精、顕微授精は特定治療支援事業対象
- ●**体外受精**：採卵し、体外で受精させ子宮に注入する
  ＊採卵を伴うため女性の身体的負担が重い
- ●**顕微授精**：体外受精のうち卵子に注射等で精子を注入するなどして受精させる
- ●**凍結・融解胚移植**：凍結した胚を移植する
- **男性に対する治療−顕微鏡下精巣内精子回収法（MD-TESE）**：
  精巣内から精子を回収する
  保険適用外：特定治療支援事業対象

資料出所：厚生労働省「不妊のこと、1人で悩まないで」（2018年1月）

図表5－7 不妊治療と保険適用

保険適用
女性不妊に対する治療 ①タイミング指導、黄体ホルモン補充療法など ②無排卵や多嚢胞性卵巣などの排卵障害に対する薬物療法（内服、注射） ③子宮・卵管などに原因が考えられる場合に行う子宮鏡、腹腔鏡による精査・加療 ④卵管通過障害に対する通気・通水法 ⑤卵管形成術 **男性不妊に対する治療** ①薬物療法（漢方など） ②手術療法（精索静脈瘤、閉塞性無精子症など）

保険適用外
人工授精 ●配偶者間人工授精（AIH） ●非配偶者間人工授精（AID） **生殖補助医療（ART）**　特定治療支援事業の対象 ●体外受精（IVF）・胚移植 ●顕微授精（ICSI）・胚移植 **男性に対する治療**　特定治療支援事業の対象 ●顕微鏡下精巣内精子回収法（MD-TESE） **その他の治療**

資料出所：厚生労働省子ども家庭局作成資料（2017年7月）

　不妊治療はメンタルヘルス不調との闘いでもある。治療がうまくいかなかった場合などに起こる悲嘆、喪失感、ドクターショッピング（編注：医療機関を次々と、あるいは同時に受診すること）、期待と失望の繰り返し、周囲の偏見などにより不妊治療中の夫婦はメンタルヘルス不調を来すことが少なくないからだ。不妊治療に励む社員のために、最近では、体外受精などの不妊治療に活用できる休暇制度に加え、職場で相談できる場を設けるなど不妊治療と就労の両立を支援する取り組みが大企業の一部で少しずつ広がりつつある。今後、このような支援に取り組む企業は増えると思われるが、特に不妊治療をしていることについて職場で周囲に知られたくないという思いを持つ社員については、休暇制度の設計や運用、特にプライバシーの保護に配慮を要する。また、多様な価値観を認め、子どもを産まないという選択をした社員との公平性を考慮することも重要と考えられる。

厚生労働省では、前記の支援事業に加え、①不妊治療と仕事の両立支援に関する情報提供、②不妊専門相談センターの設置、③不妊治療連絡カード**[図表5-8]**による医療機関と企業との連携の強化などを実施して、仕事を続けながら不妊治療を継続する取り組みを進めている。

図表5-8　不妊治療連絡カード

不妊治療連絡カード

事 業 主 殿

令和　　年　　月　　日

所属 ....

氏名 .... 印

医師の連絡事項

（該当するものに〇を付けてください。）

上の者は、　□　現在、不妊治療を実施

または　　　　　　　　　　　　　　　しています。

□　不妊治療の実施を予定

【連絡事項】

不妊治療の実施（予定）時期	
特に配慮が必要な事項	
その他	

令和　　年　　月　　日

医療機関名 ....

医師氏名 .... 印

4 日本初、不妊治療専門医療機関での大規模疫学研究（J-FEMA Study）

　現在、筆者らは「不妊治療と就労・生活の両立に関する研究班」（J-FEMA Study：Japan-Female Employment and Mental health in ART）を立ち上げ、日本で初めて、複数の不妊治療専門医療機関の外来で、実際に不妊治療を受けている女性に調査票を手渡して、直接回収するという大規模な疫学研究を実施した **［図表5－9］**。

　不妊治療と就労の両立支援は、急速に少子化が進行する日本において最重要課題の一つである。現在、企業や社会は、その課題を認識し、真

図表5－9　**体外受精と就労・生活を両立させるための研究**

「不妊治療と就労・生活の両立に関する研究班」
(J-FEMA Study：Japan-Female Employment and Mental health in ART)

順天堂大学医学部公衆衛生学講座・産婦人科学講座・全国の不妊治療を専門とする複数の医療機関との共同研究班で2017年11月にスタート

★日本で初めて、全国の不妊治療専門の医療機関の外来をフィールドとした疫学研究
代表　　　　　：遠藤源樹　順天堂大学医学部公衆衛生学講座　准教授
　　　　　　　　黒田恵司　杉山産婦人科　新宿　部長
研究フィールド：全国の主要な不妊治療クリニック

・第Ⅰ期：2018年〜2019年
　1732人：五つの不妊治療専門医療機関外来での調査
・第Ⅱ期：2020〜2022年
　①第Ⅰ期：論文投稿（４本以上/2019年度）
　　第Ⅱ期開始：各地域（北海道、東北、中部、関西、中国/四国、沖縄）
　　　　　　　　各論研究（妊孕性維持、生活習慣［喫煙・飲酒、栄養等］、鍼灸、睡
　　　　　　　　眠・メンタルヘルス、夫婦関係［離婚等］、就労・経済）
　　　　　　　　産学連携共同事業・社会活動
　②ホームページ「順天堂発・不妊治療と就労・生活の両立支援ガイド」
　③『不妊治療と就労の両立支援ガイド〜少子化時代の働き方改革〜（選択制不妊治療
　　社員用就業規則標準フォーマット）』遠藤源樹・黒田恵司著（2020年夏刊行予定、
　　日本法令）
　④日本産科婦人科学会、日本生殖医学会との連携を模索

剣に取り組まなければならない過渡期にあると思う。

　不妊治療の外来に通院している女性の結婚時の平均年齢は32.2歳で、体外受精を開始した時の平均年齢は36.5歳であった［図表5－10］。

　不妊治療と就労の両立が難しいのは、突発休が少なくないことにある。我々の調査時に就労していた女性1185人のうち、この1カ月間に、突発休をした女性は691人（58.3％）に達し、内容としては1～8日の休みを取っていた［図表5－11、②］。なぜ、不妊治療を行う女性は突発休が多いのか。不妊治療は、女性の月経周期やホルモンの値・卵胞の状態に合わせて通院しなければならず、見通しが立ちにくいことが挙げられる。特に生殖補助医療（ART）の場合、生殖医療専門の医師が、女性のホルモンの値や卵胞の発育などを確認しながら採卵日を決定するのは、採卵日の2日前であることが一般的である。そのため、予定していた仕事を急にキャンセルせざるを得ないことがよくあり、不妊治療と就労の両立は極めて困難である。筆者は『選択制がん罹患社員用就業規

図表5－10 **J-FEMA Study（第Ⅰ期）：女性の体外受精開始時の年齢分布**

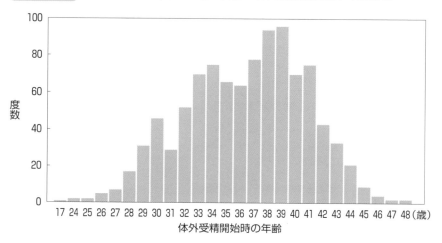

J-FEMA Study（第Ⅰ期）の女性の体外受精開始時の平均年齢：36.5歳
→平均で32.2歳で結婚、36.5歳で体外受精

則標準フォーマット』（労働新聞社）の中で、不妊治療を行っている社員に対して柔軟な働き方を選択できるような「選択制不妊治療社員用就業規則標準フォーマット」を提示したが、こうした取り組みが大企業を中心に進んでいくことが望ましい。

　実際、我々のデータを見ても、不妊治療開始後に、自分が不妊治療を

図表5−11　不妊治療中の女性に聞いた不妊治療と就労の両立の内容

−（人）、％−

①不妊治療開始時に働いていた	合　計	(1,727)	100.0
	は　い	(1,369)	79.3
	いいえ	(273)	15.8
	欠損値	(85)	4.9
②（調査時点で就労していた人で）突発休をしたことがある	合　計	(1,185)	100.0
	は　い	(691)	58.3
	いいえ	(494)	41.7
③不妊治療開始後に職場にカミングアウトした	合　計	(1,281)	100.0
	は　い	(768)	60.0
	いいえ	(513)	40.0
④不妊治療開始後にハラスメントを受けた	合　計	(1,309)	100.0
	は　い	(110)	8.4
	いいえ	(1,199)	91.6
⑤不妊治療と仕事の両立は困難	合　計	(1,314)	100.0
	は　い	(1,090)	83.0
	いいえ	(224)	17.0

④に関するハラスメントの例
- 「また流産」「今日病院？」「子供まだ？」「なんで子供つくらないの？」「子供なんてすぐできる」との発言
- 「子供は早いほうがよい」との悪気ない一言
- 「そんなに休むのか？」と言われた
- 「そんなに急に休まれても困る」と言われた
- 冗談で「セックスしてるのか？（笑）」と言われた
- 「妊娠したら、仕事を辞めるんでしょ？」と言われた
- 突発休に対する嫌味
- 他のスタッフに言いふらされ、不妊治療による体調不良は迷惑と言われ、退職させられた

していることを職場にカミングアウトした女性は60.0％、カミングアウトしていない女性が40.0％で、不妊治療をしている女性5人中2人が職場に伝えていない[**図表5-11、③**]。筆者も、産業医として「婦人科の病気」で体調が悪いと事例性を認めていた女性社員から、実は不妊治療クリニックに通院していたことを後になってカミングアウトされたことは多い。

不妊治療を行っている女性の8.4％が、不妊治療開始後に職場でハラスメントを受けていたことが分かった[**図表5-11、④**]。不妊治療に関するハラスメントで最も多かったのが「上司からの嫌がらせ」だった（ハラスメントを受けた110人のうち上司からと回答したのは78人[70.9％]、同僚からとの回答は30人[27.3％]だった）。退職を強要されたり、セクハラに該当するような事例も少なくなく、不妊治療に関する職場での理解がほとんどないことが示唆された。今後、職場での不妊治療に関する労働衛生教育を実施することは不可欠である[**図表5-12**]。

近年、晩婚化が進み、女性の平均初婚年齢は約30歳であり、結婚して数年たって不妊に気づく女性も増えている。そして、不妊治療専門の医療機関に通院して初めて、35歳を過ぎると妊娠率がぐんと下がるという

図表5-12 J-FEMA Studyから見えてきた
「不妊治療と就労・生活の両立に関する」数多くの課題

- 不妊治療に関する教育の重要性（対象：特に20代の社員）
- 不妊治療者の男性側の喫煙率の問題（女性：2.9％、男性：28.0％）
- 不妊治療女性の離職率は20.7％（→まもなく論文投稿）
  「非正規労働者の女性が離職しやすい」等が示唆された
  その他の要因も分析中
- 不妊治療者の突発休率は58.3％（→まもなく論文投稿）
  ←突発休にも対応できる職場づくり
- 世帯年収と不妊治療の助成金の問題
- 不妊治療に関するハラスメント問題（ソフト面）等

事実を知らされ、「もっと早く不妊治療を始めるべきだった」と後悔する女性も多い。20代の社員に対して、不妊治療に関する職場での労働衛生教育を行うことは重要である。医学的に30代になると妊孕性（編注：妊娠するための力）が急速に落ちていくことから、不妊治療の現状を知り、自分の人生設計をどうすべきかを考える場があるに越したことはない。

　また、J-FEMA Studyで、不妊治療を開始した女性の離職率は20.7％で、正社員と比較して、非正規労働者が離職しやすく、自営業が離職しにくいことが示唆された。これは、不妊治療に伴う突発休の事例性が生じないようにコントロールできるかがその背景にあると筆者は考えている。つまり、自営業の場合は、打ち合わせなどの仕事と不妊治療の通院日が重なった場合、日程をずらすなどのコントロールがしやすいことが挙げられる。一方、パートや派遣社員などの非正規労働者は、勤務形態の関係から突発休を取得しづらく、立場の弱さも相まって職場の「空気」を読まなければならず、場合によっては、突発休を理由に契約更新を断られたりする事例もあると思われる。少子化が進む日本において、前記の「選択制不妊治療社員用就業規則標準フォーマット」の準備を各企業が進めていくことが望まれる。

　また、不妊治療は医療機関にもよるが、1回の体外受精・顕微授精が30万〜60万円と高額である一方で、世帯年収が730万円を超える場合には、国の助成金制度の対象から外れてしまう。対象になったとしても国や自治体の助成金だけでは、不妊治療を継続していくことは現実的に難しい。不妊治療と就労の両立には、職場でのサポート体制だけでなく、不妊治療に支払える資金力とメンタルヘルス維持も重要となる。

[事例]　不妊治療している女性からの切実な声
（J-FEMA Study 第Ⅰ期）

Aさん：不妊治療は突発的に休みを取る可能性があるので、職場の理解、サポートが欲しい

Bさん：来院する日が不定期なため、パートやアルバイトが難しい。介護休暇・育児休暇と同じように休ませてもらえる制度があればよい

Cさん：仕事があっての今の生活。○○クリニックでは日曜日も開けてもらえて本当にありがたかった

Dさん：「少子化」「働く女性をサポート」と言いながら、夫婦2人で働けば、助成金の枠に入れない。おかしいと思う

Eさん：子どもはすごく欲しいが、低収入の私たち夫婦には、治療代がとても負担になっている。どうか、すべての治療代を保険適用にしてほしい

Fさん：高校生の性教育をもっと充実させるべきだと思う。妊娠リスクや高齢出産など

Gさん：学校とかでもっと性教育をしっかりしてほしい。夫も35歳以上は一つのボーダーだという知識がなく、何度説明しても理解してもらえない

Hさん：不妊〜休暇。不妊の知識を知ってほしい。社会は子どもをつくれというけど、制度、理解がなさすぎる

Ⅰさん：前日や当日の半休申請が受け入れられると、病院に通いやすくなると思う

Jさん：会社に不妊治療していることを伝えたほうがいいのかもしれないが、すべての人に理解してもらえるか分からない。周りの人も気を使うし、急な休み等で迷惑や心配をかけるなら、内緒にして不妊治療を頑張りたい。病院が19時以降、8時前などに対応してもらえるとありがたい

3 妊娠期の社員への実務対応

1 M字カーブと女性活躍の現在

　2018年の女性の労働力人口は3014万人と前年に比べ77万人増加した。労働力人口総数に占める女性の割合は44.1％（前年差0.4ポイント上昇）となった。また、女性の労働力率（15歳以上人口に占める労働力人口の割合）は52.5％（男性71.2％）と前年に比べ1.4ポイント上昇した。このように女性の就労割合が増加している。25〜40歳の妊娠・出産・育児などで就労継続が困難な世代は、就労割合が落ちることが知られており、アルファベットの「M」の字の形に似た曲線を描くことから「M字カーブ」と呼ばれている。**[図表5−13]** を見ると、M字カーブの底が浅くなっており、2018年では「15〜19歳」を除くすべての階級で、それぞれの年齢階級で比較可能な1968年以降、過去最高の水準に達し、M字から台形に近づきつつある。すなわち、結婚・出産の時期にも仕事を続ける女性が増えていることが読み取れる。

図表5−13　**女性の年齢階級別労働力率の推移**

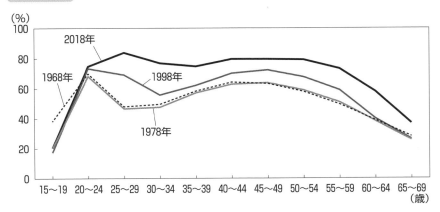

資料出所：総務省「労働力調査」(1968、1978、1998、2018年)

2 女性の雇用継続、妊娠・育児を支援する法律などの制定

　女性の就労割合が増加している背景には、女性の雇用継続を支援する法律の制定が挙げられる。男女雇用機会均等法の制定や労働基準法の改正などにより、女性を取り巻く労働環境が改善されてきたことは極めて重要である [**図表5－14、5－15**]。また、育児・介護休業法も整備され、近年では多くの女性が、産休・育休を取得して、妊娠・出産・育児と就労を両立している [**図表5－16**]。

　1990年代から女性労働者が結婚後も少しずつ、家庭と就労の両立ができるようになり、1994年3月に「高齢社会福祉ビジョン懇談会」から「21世紀福祉ビジョン」が提言され、「安心して子どもを生み育てられる環境づくり、社会的支援体制の整備」という考え方が示された。同年12月には、企業・職場や地域社会も含めた社会全体で子育てを支援していくことをねらいとしたエンゼルプランが策定され、保育サービスの推進と充

図表5－14　**女性の雇用継続を支援する法律などの動き**

1986年	男女雇用機会均等法施行
1987年	労働基準法改正（週40時間制導入）
1990年	1.57ショック
1992年	育児休業法施行
1994年	エンゼルプラン策定
1995年	育児休業法改正（育児・介護休業法に改称）
1999年	改正男女雇用機会均等法施行（差別禁止の徹底）、労働基準法改正（女子保護規定撤廃）、新エンゼルプラン策定
2003年	次世代育成支援対策推進法施行、少子化社会対策基本法施行
2007年	改正男女雇用機会均等法施行（男女双方に対する差別を禁止）、ワーク・ライフ・バランス憲章
2013年	子ども・子育て支援法など子ども・子育て関連3法施行
2015年	少子化社会対策大綱を閣議決定、次世代育成支援対策推進法延長
2016年	子ども・子育て支援法改正、ニッポン一億総活躍プランを閣議決定
2017年	働き方改革実行計画を策定、新しい経済政策パッケージを閣議決定

実が図られることになったことも重要であろう。

　1999年12月には「重点的に推進すべき少子化対策の具体的実施計画について（新エンゼルプラン）」が発表され、男女共同参画社会の形成が図られることとなった。2003年7月には、「少子化社会対策基本法」と「次世代育成支援対策推進法」が制定され、全国の自治体および常時雇用す

図表 5 −15　**妊娠・出産・育児と就労**

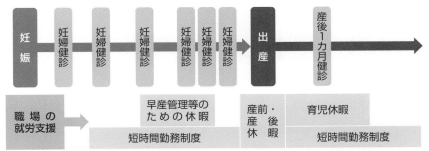

産休・育休に関する法律が制定されたことにより、
より多くの女性が職場復帰できるようになった

法律などの裏付けにより、企業は、妊娠・出産・育児の女性の就労支援等をしなければならない

図表 5 −16　**出産前有職者の就業継続率（正規職員）**

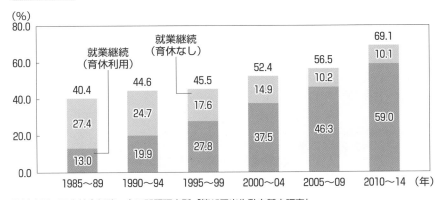

資料出所：国立社会保障・人口問題研究所「第15回出生動向基本調査」

る労働者の数が300人を超える一般事業主には、育児支援の行動計画の策定が義務づけられた。現在では、妊婦健診を受けるための時間の確保、産科医からの母性健康管理指導事項連絡カードによる短時間勤務などの配慮、産前・産後休暇、育児休業制度と短時間勤務制度など、妊娠・出産を経て子育て期に至るまでの支援が充実してきている。

3 法令から見た妊娠期の社員の就労支援

女性労働者の母性保護に関する法律として、男女雇用機会均等法、労働基準法、育児・介護休業法などがある [図表5−17]。

男女雇用機会均等法では、企業（事業主）に対して、健康診査を受ける時間の確保、つまり、妊婦健診や産後の健診を受診する時間の確保、通勤ラッシュなどの通勤の負荷の緩和、休憩時間の確保、作業の制限や

図表5−17　**女性労働者の母性保護に関する規定**

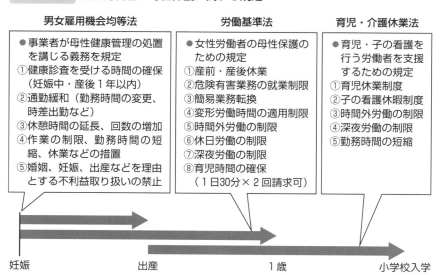

資料出所：『公衆衛生がみえる 2016-2017 第2版』医療情報科学研究所編（[図表5−18] も同じ）

勤務時間の短縮などの勤務内容の軽減措置、休業の措置などが義務づけられている。

　労働基準法では、出産前の6週間（双子などの多胎妊娠の場合は出産前14週間）の産前休業が本人の請求により取得可能であり、出産後6週間は就業不可とされ、妊婦と出産後1年を経過しない女性を危険有害業務に就かせることはできず、請求のあった場合には時間外労働・休日労働・深夜労働をさせてはならない。育児時間（1日30分×2回まで）を請求することも可能である［**図表5−18**］。

　育児・介護休業法には、育児休業、子の看護休暇などが規定されている。

　就労する妊婦は、産科医療機関での妊婦健診にて、血液検査、尿検査とともに、超音波検査で胎児の発育状況などを確認するなどして早産や胎児の発育遅延、妊娠に伴う合併症などに留意しながら働くことになる。筆者の臨床現場での経験では、妊娠に伴う合併症（妊娠高血圧症候群、妊娠糖尿病）だけでなく、早産予防と就労の両立が重要であると実感している。妊娠中の通勤ラッシュや自動車での長距離通勤などは懸念すべきことである。妊娠経過の異常の有無、仕事の内容などを考慮して就労

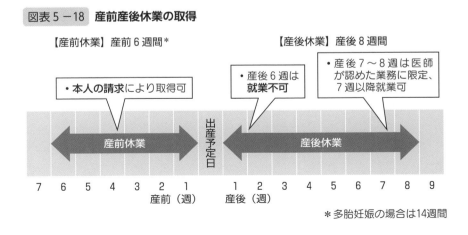

図表5−18　**産前産後休業の取得**

上の配慮を検討していくことが望ましい。妊娠経過が順調で、母児に悪影響を及ぼすような職場環境でない限り、就労を継続してもよいが、妊娠20〜24週から少しずつ身体に負荷の少ない作業への変更などを実施することが望ましい。

4 妊娠中の母性保護と母性健康管理指導事項連絡カード

厚生労働省では、職場における母性健康管理を推進するために役立つ情報を提供するサイト「妊娠・出産をサポートする 女性にやさしい職場づくりナビ」を展開している。

そこで紹介されている「母性健康管理指導事項連絡カード」（以下、「母健連絡カード」）は、主治医などが行った通勤緩和や休憩などの指導内容を、妊産婦である女性社員から事業主に的確に伝えるために利用するカードである。事業主は、妊娠した女性社員から「母健連絡カード」が提出された場合、記載内容に応じ、男女雇用機会均等法13条に基づく適切な措置（①妊娠中の通勤緩和、②妊娠中の休憩に関する措置、③妊娠中または出産後の症状等に対応する措置）を講じる義務がある。「母健連絡カード」は、「妊娠中及び出産後の女性労働者が保健指導又は健康診査に基づく指導事項を守ることができるようにするために事業主が講ずべき措置に関する指針」（平 9. 9.25 労告105、最終改正：令元. 5. 7 厚労告 2 ）に様式が定められている **[図表 5 −19]**。

「母健連絡カード」の使用方法として、主治医などは、妊娠中または出産後の働く女性に対して、健康診査などの結果、通勤緩和や勤務時間短縮などの措置が必要であると認められる程度の指導事項がある場合、必要な事項を記入し、本人に渡す。女性は「母健連絡カード」を事業主（企業）に提出し、事業主は「母健連絡カード」の記入事項に従って通勤緩和や勤務時間短縮などの措置を講じる **[図表 5 −20、参考]**。

「母健連絡カード」はあくまでも主治医などの指導事項を事業主に的確

母性健康管理指導事項連絡カード

令和　　　年　　　月　　　日

事 業 主 殿

医療機関等名　＿＿＿＿＿＿＿＿＿＿＿＿＿＿

医師等氏名　＿＿＿＿＿＿＿＿＿＿＿＿　印

下記の1の者は、健康診査及び保健指導の結果、下記2〜4の措置を講ずることが必要であると認めます。

記

1．氏 名 等

氏名		妊娠週数		週	分娩予定日	年　　月　　日

2．指導事項（該当する指導項目に○を付けてください。）

症 状 等		指導項目	標 準 措 置
つわり	症状が著しい場合		勤務時間の短縮
妊娠悪阻			休業（入院加療）
妊娠貧血	Hb 9 g/dl 以上11g/dl 未満		負担の大きい作業の制限又は勤務時間の短縮
	Hb 9 g/dl 未満		休業（自宅療養）
子宮内胎児発育遅延	軽 症		負担の大きい作業の制限又は勤務時間の短縮
	重 症		休業（自宅療養又は入院加療）
切迫流産（妊娠22週未満）			休業（自宅療養又は入院加療）
切迫早産（妊娠22週以後）			休業（自宅療養又は入院加療）
妊 娠 浮 腫	軽 症		負担の大きい作業、長時間の立作業、同一姿勢を強制される作業の制限又は勤務時間の短縮
	重 症		休業（入院加療）
妊 娠 蛋 白 尿	軽 症		負担の大きい作業、ストレス・緊張を多く感じる作業の制限又は勤務時間の短縮
	重 症		休業（入院加療）
妊娠高血圧症候群（妊娠中毒症）	高血圧が見られる場合　軽 症		負担の大きい作業、ストレス・緊張を多く感じる作業の制限又は勤務時間の短縮
	高血圧が見られる場合　重 症		休業（入院加療）
	高血圧に蛋白尿を伴う場合　軽 症		負担の大きい作業、ストレス・緊張を多く感じる作業の制限又は勤務時間の短縮
	高血圧に蛋白尿を伴う場合　重 症		休業（入院加療）
妊娠前から持っている病気（妊娠により症状の悪化が見られる場合）	軽 症		負担の大きい作業の制限又は勤務時間の短縮
	重 症		休業（自宅療養又は入院加療）

症　状　等			指導項目	標　準　措　置
妊娠中にかかりやすい病気	静脈瘤	症状が著しい場合		長時間の立作業、同一姿勢を強制される作業の制限又は横になっての休憩
	痔	症状が著しい場合		
	腰痛症	症状が著しい場合		長時間の立作業、腰に負担のかかる作業、同一姿勢を強制される作業の制限
	膀胱炎	軽　症		負担の大きい作業、長時間作業場所を離れることのできない作業、寒い場所での作業の制限
		重　症		休業（入院加療）
多胎妊娠（　　　　　　胎）				必要に応じ、負担の大きい作業の制限又は勤務時間の短縮 多胎で特殊な例又は三胎以上の場合、特に慎重な管理が必要
産後の回復不全		軽　症		負担の大きい作業の制限又は勤務時間の短縮
		重　症		休業（自宅療養）

標準措置と異なる措置が必要である等の特記事項があれば記入してください。

　

３．上記２の措置が必要な期間
　　（当面の予定期間に○を付けてください。）

１週間（　　　月　　　日～　　　月　　　日）	
２週間（　　　月　　　日～　　　月　　　日）	
４週間（　　　月　　　日～　　　月　　　日）	
その他（　　　　　　　　　　　　　　）	

４．その他指導事項
　　（措置が必要である場合は○を付けてください。）

妊娠中の通勤緩和の措置	
妊娠中の休憩に関する措置	

［記入上の注意］
（１）「４．その他の指導事項」の「妊娠中の通勤緩和の措置」欄には、交通機関の混雑状況及び妊娠経過の状況にかんがみ、措置が必要な場合、○印をご記入下さい。
（２）「４．その他の指導事項」の「妊娠中の休憩に関する措置」欄には、作業の状況及び妊娠経過の状況にかんがみ、休憩に関する措置が必要な場合、○印をご記入下さい。

指導事項を守るための措置申請書

上記のとおり、医師等の指導事項に基づく措置を申請します。

　　　令和　　　　年　　月　　日

　　　　　　　　　　　　　　　所　属　＿＿＿＿＿＿＿＿＿＿＿＿＿＿＿＿＿

　　　　　　　　　　　　　　　氏　名　＿＿＿＿＿＿＿＿＿＿＿＿＿＿＿㊞

事　業　主　殿

この様式の「母性健康管理指導事項連絡カード」の欄には医師等が、また、「指導事項を守るための措置申請書」の欄には女性労働者が記入してください。

に伝えるためのものであり、「母健連絡カード」の提出がない場合でも、女性労働者本人の申し出などからその内容などが明らかであれば事業主は必要な措置を講じる必要がある。また、内容が不明確な場合には、事業主は女性労働者を介して主治医などと連絡をとり、判断を求めるなど適切な対応が必要である。

「母健連絡カード」は、診断書よりも安価で書いてもらえるケースも多く、医療機関名・医師等氏名の記入および捺印があれば診断書に代わる

図表 5 − 20　母健連絡カードの使用方法

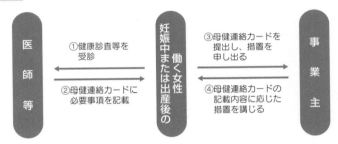

（1）妊娠中・出産後の健康診査等の結果、通勤緩和や休憩に関する措置などが必要であると主治医等に指導を受けたとき、母健連絡カードに必要な事項を記入して発行してもらう（①②）
（2）女性労働者は、事業主に母健連絡カードを提出して措置を申し出る（③）
（3）事業主は母健連絡カードに記入された指導事項に従って、下記の措置を講じる（④）

■指導事項を守るようにするための措置

①妊娠中の通勤緩和	● 時差通勤（始業時間・終業時間におのおの30〜60分程度の時間差を設ける、フレックスタイム制度を適用する） ● 勤務時間の短縮（1日30〜60分程度の時間短縮） ● 交通手段・通勤経路の変更（混雑の少ない経路への変更）
②妊娠中の休憩に関する措置	● 休憩時間の延長 ● 休憩回数の増加 ● 休憩時間帯の変更 ● 休憩場所を設ける場合
③妊娠中または出産後の症状等に対応する措置	● 作業の制限 ● 勤務時間の短縮 ● 休業 ● 作業環境の変更

参考 妊娠中の症状等に対応する措置

	症　状　等	措　置　内　容
つわり	妊娠初期に現れる食欲不振、吐き気、胃の不快感、胃痛、嘔吐などの症状。一般に妊娠12週（第4月）頃に自然に消失する場合が多い	悪臭がする、換気が悪い、高温多湿などのつわり症状を増悪させる環境における作業の制限 体重が1週間に2kg前後減少する場合、尿中ケトン体が陽性の場合、妊娠12週を過ぎても症状が軽快せずに残る場合 　勤務時間の短縮
妊娠悪阻 （おそ）	つわりの強いもので食物摂取が不能になり、胃液血液等を混じた嘔吐が激しく全身の栄養状態が悪化する。脳症状（頭痛、軽い意識障害、めまいなど）や肝機能障害が現れる場合がある	1週間に3〜4kgの体重減少のある場合、尿中ケトン体が（2＋）以上を示す場合、脳症状や肝機能障害（GOT、GPTが100IU/l以上）を示す場合 　休業（入院加療）
妊婦貧血	妊娠中の血液量の増加により、血液中の赤血球数又は血色素量が相対的に減少するもので、顔色が悪い（蒼白い）、動悸、息切れ、立ちくらみ、脱力感などの症状が現れる場合がある	血色素量が9g/dl以上11g/dl未満の場合 　負担の大きい作業の制限又は勤務時間の短縮 血色素量が9g/dl未満の場合 　休業（自宅療養）
子宮内胎児発育遅延	子宮内において胎児の発育が遅れている状態	胎児の推定体重が正常の発育曲線の正常限界より小さい場合 　負担の大きい作業の制限、勤務時間の短縮又は休業（自宅療養又は入院加療）
切迫流産 （妊娠22週未満）	流産しかかっている状態。出血、褐色のおりもの、下腹部の痛み、下腹部の張りが徴候となる	休業（自宅療養又は入院加療）　　　　[注1]
切迫早産 （妊娠22週以降）	早産しかかっている状態。出血、下腹部の痛み、下腹部の張り（周期的又は持続するもので、安静にしても治らないもの）、破水感、自覚する胎動の減少などが徴候となる	休業（自宅療養又は入院加療）　　　　[注1]
妊娠浮腫（むくみ） （ふしゅ）	起床時などに、下肢、上肢、顔面などに次のようなむくみが認められ、かつ1週間に500g以上の体重増加がある場合。妊娠後半期（妊娠20週以降）に生じやすい 下肢：すねのあたりを指で押すと陥没する 上肢：手指のこわばり。はれぼったい。指輪がきつくなる 顔面：額を指で押すと陥没する。まぶたがはれぼったい	軽症（浮腫が全身に及ばない）の場合 　負担の大きい作業、長時間にわたる立作業、同一姿勢を強制される作業の制限又は勤務時間の短縮 重症（浮腫が全身に及ぶ）の場合 　休業（入院加療）

220

		症　状　等	措　置　内　容
蛋白尿	[注2]	尿中に蛋白が現れるもので、ペーパーテストにより検査する場合は連続して2回以上陽性の場合を、24時間尿で定量した場合は、300mg/日以上を、蛋白尿陽性という	軽症（300mg/日以上、2g/日未満）の場合 　負担の大きい作業、ストレス・緊張を多く感じる作業の制限又は勤務時間の短縮 重症（2g/日以上）の場合 　休業（入院加療）
高血圧	[注2]	自覚症状として、頭痛、耳鳴り、ほてりなどが生ずることもあるが、自覚されないことも多いので、定期健診時、職場、家庭等で血圧を測定することが必要である。高血圧が認められたら数時間安静後再検して確認する	軽症（最高血圧140mmHg以上160mmHg未満又は最低血圧90mmHg以上110mmHg未満）の場合 　負担の大きい作業、ストレス・緊張を多く感じる作業の制限又は勤務時間の短縮 重症（最高血圧160mmHg以上又は最低血圧110mmHg以上）の場合 　休業（入院加療）
妊娠前から持っている病気		妊娠により症状の悪化が見られるもの　　　　　　　　[注3]	負担の大きい作業の制限、勤務時間の短縮又は休業（自宅療養又は入院加療）
妊娠中にかかりやすい病気	静脈瘤	下肢や陰部の静脈がふくれあがったもので、痛み、歩行困難などが生ずることがある。妊娠後半期に起こりやすい	症状が著しい場合 　長時間にわたる立作業、同一姿勢を強制される作業の制限又は横になっての休憩
	痔	外痔核の腫れによる痛みや排便痛、排便時出血	症状が著しい場合 　長時間にわたる立作業、同一姿勢を強制される作業の制限又は横になっての休憩
	腰痛症	子宮の増大、重心の前方移動、ホルモンの影響等により生ずる腰部の痛み	症状が著しい場合 　長時間にわたる立作業、腰に負担のかかる作業又は同一姿勢を強制される作業の制限
	膀胱炎	細菌感染等による膀胱の炎症。尿意が頻繁となり排尿痛や残尿感がある	症状が著しい場合 　負担の大きい作業、長時間拘束される作業又は寒い場所での作業の制限 高熱を伴った腎盂・膀胱炎の場合 　休業（入院加療）
多胎妊娠		複数の胎児が同時に子宮内に存在する状態。切迫流早産や子宮内胎児発育遅延を起こしやすい	双胎の場合 　妊娠26週以降、必要に応じ、負担の大きい作業の制限又は勤務時間の短縮 三胎以上の場合 　特に慎重な管理を必要とする　　[注4]

資料出所：厚生労働省「働く女性の母性健康管理のために」
[注]　1．　前回流早産したことがある場合はより慎重な管理が必要である。
　　　2．　妊娠20週以降、分娩後12週までに高血圧が見られる場合、または高血圧に蛋白尿を伴う場合のいずれかで、かつこれらの症候が偶発合併症によらないものを「妊娠高血圧症候群」といい、母体および胎児・新生児にいろいろな悪影響を及ぼすので、早期発見、早期治療が大切である。
　　　3．　例えば心臓病、腎臓病、高血圧、糖尿病、ぜんそく、膠原病、甲状腺疾患などは、妊娠により症状が悪化するおそれがある。
　　　4．　双胎の平均分娩週数は妊娠36週であり、三胎以上はより早い。その10週間前からの慎重な管理は、切迫流早産や子宮内胎児発育遅延の予防にとって重要である。
　　　　　双胎の中には、種類によって胎児予後が悪くなるものがあるので、診断確定のため妊娠初期に数回通院検査の必要がある場合がある。

正式な証明書類として扱われる。診断書の提出を求めることも問題ではないものの、「母健連絡カード」の提出によって自宅療養などが認められるべきであると考える。

5 出産後のメンタルヘルス不調

　昭和の時代には、出産時の弛緩出血などで死亡することも少なくなかったが、産科医療の発展とともに出産時死亡の数は激減した。しかし、現在大きな社会的問題になっているのは産後のメンタルヘルス不調、いわゆる、産後うつである。

　一般的に知られているマタニティ・ブルーズは、出産後の女性の約半数以上が出産数日後から、涙もろさ、情緒不安定、抑うつ気分、不安症状などを認める。通常は数日で症状が改善するが、出産1カ月後まで症状が残る場合がある。これは、出産に伴う心身のストレス、母体のホルモン環境の急激な変化などにより引き起こされると考えられている。マタニティ・ブルーズと思われていたものが、抑うつ気分が強く、集中力や思考力の低下などが長引いてくると、産後うつが疑われる。産後うつは、出産後1カ月前後で発症することが多い。時に自殺や虐待などを引き起こすことも十分に考えられるため、特に注意が必要である。

　産後うつは、本人の心理的苦悩を伴うメンタルヘルス不調により、復職を諦めたり、子どもの情緒発達への影響、育児放棄や虐待などにも影響し得るものであり、社会全体でケアしていかなければならない課題である。

巻末資料

順天堂発・がん治療と就労の両立支援ガイド
－Cancer and Work－

https://www.juntendo-caw.com/summary.php

　男性は3人に2人、女性は2人に1人が、生涯でがんになる時代。誰しも、ある日突然、がんと診断される可能性がある中で、より多くのがん患者が、治療と就労を両立できる社会を目指して、皆さんとともに知恵を出し合い、「誰でも、リカバリーショットが打てる社会」をつくっていきたいという想いの下、順天堂大学医学部公衆衛生学講座内の就労支援コンソーシアム（代表：遠藤源樹准教授）が運営しているWEBサイト。

　ここでは数あるコンテンツの中から「就労支援ツール」を抜粋して紹介する。

【医療機関対象】がん患者就労支援事業

　がん患者の就労支援を行うとき、その患者が現在どのような症状で、働く上でどのような配慮が必要なのかを意見書にまとめ、職場へ提出する。このとき、医師が書く病名や症状や治療に関する事象のことを「疾病性」という。一方、がん患者を雇用する事業者は、患者が復職した際、業務を遂行する上で支障となりそうな客観的な事実を知りたがる。こうした事象を「事例性」という。つまり、医療機関では「疾病性の言葉」でコミュニケーションされ、職場では「事例性の言葉」でコミュニケーションされており、この「疾病性」と「事例性」の「言葉の違い」が治療と就労の両立支援の最大の壁となっている。

　そこで、厚生労働省研究班「がん患者の就労継続及び職場復帰に資する研究（班長：遠藤源樹准教授）」では、「がん健カード作成支援ソフト（がん共通版）」を開発した。

　本ソフトは、医師やがん相談支援センターの相談員が、がん患者から職場への意見書を書いてほしいという要望を受けた場合に、ソフトウェアの指示に従って項目を選択・クリックしていくだけで、「2時間以上の外出・出張を避ける」「重いものを持つ作業は避ける」など、医療従事者の「疾病性の言葉」を職場での「事例性の言葉」へと変換し、1分程度で、職場への就労に関する意見書の素案を作成してくれる。今後、「がん健カード作成支援ソフト」の電子カルテへの導入や医療機関と企業を結ぶIoTプラットフォームへの応用が期待されている。

　「がん健カード作成支援ソフト」の利用を希望する場合は、事務局まで利用申請が必要になる。利用の条件内容や申請は下記URLから行える。

https://www.juntendo-caw.com/tool01.php

選択制がん罹患社員用就業規則標準フォーマット

　『選択制がん罹患社員用就業規則標準フォーマット』は、日本初の「がん患者大規模復職コホート研究（遠藤源樹准教授ら）」から導かれたエビデンスを基に、企業におけるがん罹患社員の治療と職業生活の両立（以下、両立支援）の促進を目的として作成された。

　がん治療は日進月歩で進歩しており、がんは共生する病へと少しずつ変わりつつあるが、現在、がんに罹患した社員の約3割が退職していることが知られている。がん罹患社員が退職に至る原因に、就業規則で平均的に定められている休職期間では短いことから復職のハードルが高く、また、就業規則で定められている働き方では適応することが難しい現状がある。

　『選択制がん罹患社員用就業規則標準フォーマット』は、がんに罹患した働く世代が離職しないために、どのくらいの休職期間があれば一般的に復職することができ、また、復職後、どのような支援を受けられれば就労継続しやすくなるのか、がんに罹患した社員を追跡調査して得られた研究結果を基にフォーマット案として提示したものである。構成内容は **[図表]** のとおり。第3〜5章までが「療養期間における支援」に関わる規定、第6〜8章までが「治療を伴う復職期間における支援」に関わる規定となっている。

図表 がん罹患社員就労支援規程

第1章　総則

　第1条（目的）

　第2条（適用範囲）

第2章　就労支援担当

　第3条（就労支援担当）

第3章　治療休職制度

　第4条（治療休職の申出等）

　第5条（治療休職の期間等）

　第6条（治療休職中の取扱い）

　第7条（治療休職中の社会保障等について）

　第8条（再発時の対応）

第4章　長期休職者が所属する職場への支援

　第9条（治療休職者が所属する職場への支援）

　第10条（欠員に対する人的支援等）

　第11条（欠員による職場の精神的支援）

　第12条（休職者等との連絡等に関する支援）

第5章　休職期間の終了および再雇用特別措置

　第13条（休職期間満了時の手続き）

　　（選択条文：再雇用制度の措置について）

第6章　就労支援プラン

　第14条（復職への申出・就労条件の変更の申出）

　第15条（復職の可否・就労条件の変更の必要性の判断）

　第16条（就労支援プランの作成）

　第17条（就労支援プランの実施・設定期間等）

［注］　労働新聞社から『選択制がん罹患社員用就業規則標準フォーマット』（Ｂ５
　　　判／168ページ、税込み1,650円）が発売されている。

がん治療と就労のエビデンスブック

欧米ではがん治療と就労の両立支援に関する研究が幅広く行われる中、日本では、アンケート調査やインタビュー調査などの断片的な調査しかなく、エビデンスが乏しかった。

『がん治療と就労のエビデンスブック』では、日本で初めて実施された「がん患者大規模復職コホート研究（遠藤源樹准教授ら）」の研究結果、がん治療と就労の両立支援が重要である理由、海外のがんサバイバーシップ研究の一端を紹介している。

企業向け・がん罹患社員用就労支援ガイド

『企業向け・がん罹患社員用就労支援ガイド』は、産業医学をベースとした、企業におけるがん罹患社員への実務対応のエッセンスをまとめたものである。企業の実務担当者をはじめ、産業医や産業看護職、社会保険労務士等が、がん罹患社員に対してどのように対応すればよいのかを分かりやすく紹介している。

あ と が き

　治療と就労の両立支援は、これまで行政や医療機関を中心に積極的に推進されているものの、現状はほとんど変わっていません。日本は、健康を損ねて病気で働けなくなるなどして通常のキャリアから外れた人たちに対して、依然として厳しい社会であると思います。がん治療後の体力低下の中、働かなければならないと頑張っている人、夜遅くまで働き、本当はメンタルヘルス不調状態で「消えてしまいたい気持ち」を持ちながらも何とか毎朝職場に通っている人、脳卒中の後遺症で歩くのに不自由ながらも頑張って職場に通勤している人、子どもが何とか欲しいと不妊治療に挑んでもなかなか妊娠できずに悩んでいる人。

　今まで健康であった人も、ある日突然、病気にかかったり、交通事故に遭ったりすることで、治療と就労を両立しなければならない状況に追い込まれる可能性は誰にでもあります。

　"病気や治療、そしてその後遺症などで悩んでいる人たちに寄り添う"社会、それこそが「誰でも、リカバリーショットが打てる社会」であり、日本がそうした思いやりのある社会になってほしいと切に願っています。

　病気や障害と闘いながらも働きたいと願うすべての人のために

2020年2月10日

順天堂大学医学部公衆衛生学講座　准教授
遠藤源樹

謝　辞

　医師として、研究者として、そして一人の人間としてどうあるべきかを懇切丁寧に、いつも御指導いただいております学校法人順天堂理事長　小川秀興先生、順天堂大学学長　新井　一先生、公衆衛生学講座教授　谷川　武先生、衛生学講座教授　横山和仁先生、乳腺腫瘍学講座教授　齊藤光江先生、産婦人科学講座教授　竹田　省先生、がん治療センター顧問　鶴丸昌彦先生をはじめ、順天堂大学の多くの先生方に最大限の敬意と感謝を申し上げます。大学院時代に「よく学び、よく遊べ」と、疫学研究の基礎と社会的意義を御指導くださった獨協医科大学名誉教授武藤孝司先生、J-ECOHスタディで疫学研究の奥深さをいつも御指導いただいております国立国際医療研究センター部長　溝上哲也先生、復職理論の基礎を私に御指導くださった湯原幹男先生と菊池　悟先生に、この場を借りて厚く御礼申し上げます。就労支援の共同研究を行っているMichael Feuerstein先生（Journal of Cancer Survivorship編集長・アメリカ）、Angela de Boer先生（オランダ・アムステルダム大学）、Ute Bultmann先生（オランダ・フローニンゲン大学）をはじめ、海外の友人たちにも感謝を申し上げます。産業医や労政時報セミナー等でお世話になってきた企業の皆様、産業医の先生や看護職の皆様、母校・福井県立大野高校、産業医科大学、東京女子医科大学、獨協医科大学の先生方、遠藤班スタッフの木幡布美江さん、三井清美さん、小嶋千恵さん、土屋直子さん、いつも遠藤を応援してくださっている多くの皆々様にも感謝を申し上げます。そして、「仕事と家庭の両立ができていない遠藤源樹」を支え続けてくれる妻、家族にも、最大限の感謝の気持ちを捧げます。

■著者紹介

遠藤源樹（えんどう もとき）

順天堂大学医学部公衆衛生学講座　准教授
（兼任）日本医療機能評価機構　診療ガイドライン作成支援部会委員
診療ガイドライン活用促進部会委員
国立国際医療研究センター　客員研究員
労政時報セミナー　講師など

福井県大野市出身。産業医科大学医学部卒業。獨協医科大学大学院博士課程修了。医師、医学博士、日本産業衛生学会指導医・専門医、社会医学系指導医・専門医、公衆衛生専門家、第一種作業環境測定士（V）など。100社以上の大企業・中小企業の産業医として、多くのメンタルヘルス不調社員、がん罹患社員を就労支援してきた豊富な経験と、日本で初めて実施した「がんなど罹患社員コホート研究（J-SARスタディ）」などの研究結果をベースに論文発表、社会活動を行っている、日本の治療と就労の両立支援の第一人者。治療と就労の両立支援の研究成果に関して、日本経済新聞、毎日新聞、朝日新聞、読売新聞、労政時報、東洋経済等に多数掲載され、全国で精力的に共同研究・社会活動・講演など行う。2019年度日本医師会医学研究奨励賞、土屋健三郎記念・産業医学推進賞、日本産業衛生学会若手論文賞（第2回・第3回）など受賞歴多数。2017年度から厚生労働省研究班「がん患者の就労継続及び職場復帰に資する研究」「不妊治療と就労・生活との両立に関する研究」「心血管疾患患者の就労継続及び職場復帰に資する研究」の研究代表者等、現在、多くの公的研究事業を実施中。著書に『がん治療と就労の両立支援 実務ガイド』（日本法令）、『選択制がん罹患社員用就業規則標準フォーマット』（労働新聞社）などがある。

カバー・本文デザイン／竹田壮一朗

印刷・製本／日本フィニッシュ株式会社

治療と就労の両立支援ガイダンス

2020年3月10日　初版発行

著　者　遠藤源樹
発行所　株式会社 労務行政
　　　　〒141-0031　東京都品川区西五反田3-6-21
　　　　　　　　　　住友不動産西五反田ビル3階
　　　　TEL：03-3491-1231　FAX：03-3491-1299
　　　　https://www.rosei.jp/

ISBN978-4-8452-0393-2